借金400万円あった私が
年収3000万円になった

お金に愛されるノート

Use a Notebook to Master Your Mindset and Attract Wealth

松浦有珂
Yuca Matsuura

フォレスト出版

貧乏を恨んでばかりだった わたしが変われた秘密

人生には終わりがあると強烈に感じた、東日本大震災とおじいちゃんの死

「お金持ちの家に生まれていたらよかったのに……」
「なんでいっつもお金がないんだろう……」
「もっとお金があったら……」

20代前半のわたしはいつも、そんなことばかり考えていました。
木造4畳半のワンルーム。電車が来たら揺れるその狭い部屋で、来る日も来る

日もバイト生活。プロのミュージシャンを目指して上京したはいいものの、鳴かず飛ばずで膨らむのは借金ばかり……。

ストレスから散財してしまいクレジットカードのリボ払いを繰り返し、朝から晩までバイトを3つ掛け持ちして働いても、返済すると残るのは雀の涙ほどのお金……。

苦しくて、悔しくて、だけどどうやったらこの貧乏生活から抜け出せるのかわからなくて……。

「もしかしたら、わたしにはお金持ちになるのなんて無理なのかな」

そう、諦《あきら》めかけていたある日、東日本大震災に遭遇しました。

ちょうど10年前、東日本大震災という、とても大きな地震がありましたよね。

わたしは当時、23歳で東京にいました。自宅アパートでバイトに行く準備をしていた際、突然の大きな揺れ。倒壊などの被害には遭いませんでしたが、棚から本や食器がバラバラと落ちて、すごく怖い思いをしました。

東北で大きな地震があったと知ったのは、そのすぐあと。都内もすごく混乱していて、住宅街だった住まいの近所ではスーパーから食料や水がなくなり、交通網が混乱していて移動手段がなくなった人々が車道を歩いて帰ったために、道が人で埋まっていました。

連日の地震のニュース。ある日突然、命を奪われた人たち。生活が奪われた人たち。「いつもどおり」が奪われた人たちの悲痛な声に、胸がとても痛み涙が止まらなかったのを、今でも覚えています。


そして、その年の12月。わたしは、最愛のおじいちゃんを亡くしました。突然死でした。84歳で亡くなったのですが、当時、車も運転するし、ごはんもモリモリ食べるし、山を登ったり旅行に行ったりもするし……、と、とても元気な人で、わたしは当たり前のようにおじいちゃんと未来を語り合っていました。

だからこそ、おじいちゃんの突然の死は、わたしにとても大きな衝撃を与えました。

人生って本当に、いつ終わるのかわからないんだ。

その2つの出来事で、わたしは強烈にそう感じました。

そして当時、お世話になっていた大阪の大富豪の社長さん（世界で11社を経営されている方で、大阪に住まれているのでわたしは勝手に「西の大富豪」と呼んでいます）にそう感じたことを話し、これからどうしたらいいのか相談したところ、返ってきたのがこの言葉でした。

「せやったらもう、自分で稼ぐ力を身につけるしかないやろ」

これが、わたしが起業をしたきっかけです。

25歳で起業をし、27歳でエステサロンをオープンしました。その後、29歳のときにすべてを手放して、現在ではそれまで蓄積してきた知識を体系化し、講座や講演、SNS、ブログなどで人に伝えていくことを仕事としています。

木造4畳半のアパートに住んでいた25歳のフリーターは、今では憧《あこが》れだった表参道の1LDKに住み、好きな時間に起きて、好きな時間に仕事をして、天気のいい日は愛犬を連れてカフェでノマドワークをしていたりします。

この本では、わたしが400万円も借金があった貧乏フリーターから、年収3000万円の人生を手に入れるために学んだ膨大な情報から、あなたに即！使っていただける知識やノウハウだけを抽出してお伝えしていきますね。あなたの参考になれば幸いです。

「いつか」を全部手放した

東日本大震災と大好きなおじいちゃんの死を経験して、わたしが最初にやったことは「いつか」を全部手放すことでした。

おじいちゃんとは、たくさんの「いつか」を約束していました。

「いつか」家を建ててあげるね。「いつか」一緒に旅行しようね。「いつか」あの有名な桜を見に行こうね。「いつか」おじいちゃんのやりたいことをやらせてあげるね。

いつか、いつか、いつか……。それらは、永遠に叶《かな》うことはなくなってしまいました。そんな後悔を西の大富豪に漏らした際、こんなことを言われました。

「お前な、親の年齢と、自分が帰る回数を考えてみ。たとえば、親が今60歳で、80まで生きるとする。帰るのは盆と正月の年2回だとしたら、単純計算、40日しか会えないんやで。何か大きなことしようと考えなくていい。せめて、ちょくちょく帰るくらいの時間とお金の余裕は持っておきなさい」

それからわたしは、「いつか」やりたいと思っていたことを、できる限り「今」やるようにしていきました。もちろん、お金や時間がなくてすぐにできないこともたくさんありましたが、「今」どうしたらできるかな?を考えるようになったのです。
そうすると、みるみるうちに現実が動き始めました。

特に大きかったのが「お金の勉強」を始めたことでした。

これも「いつか」やりたかったことですが、起業をするにしても何にしても、大学を途中でやめたフリーターのわたしには学がありません。まずはとにかく勉強をするしかありませんでした。

西の大富豪からオススメしてもらった本はすぐに読み（当時はお金がなかったので図書館に通い詰めました）、行くといいと言われたセミナーにはバイトの時間をずらしてでも行きました。お金がかかるものは、まずは家にあるものをどんどん売って資金にしました。

学んだことはすぐに実践してお金をつくり、また学ぶ……。これを繰り返していくうちに、気づけば半年でバイトを辞められるほどに稼げるようになり、26歳の頃には月商100万円を超え、27歳でエステサロンのオーナーに。さらには1

年半でFC（フランチャイズ）店舗まで持つようになっていました。

30歳になるのを機にサロンはすべて手放し、憧れだった表参道に引っ越して、今ではこれまでの経験や知識・ノウハウを伝えることを仕事としています。

「いつか」を手放して「今」やる。これは今でも意識していることですが、本当に大きく人生を変える結果となったのでした。

お金持ちの思考・行動の研究がスタート

25歳で起業をスタートした際にまずやったことは「お金の勉強」だとお伝えしましたが、同時に始めたのが「お金持ちの思考・行動を研究する」ことでした。

とてもラッキーなことに、西の大富豪はわたしをたくさんの成功している経営者の方々に会わせてくださいました。

「お金を得るだけならカンタンや。せやけどな、大事なのは『豊かに』成功することや」

そう言って、お金だけでなく、人にも、時間にも、家族にも恵まれている豊かなお金持ちたちに、たくさん会わせていただきました。

そして一方で、自分でもビジネスセミナーに行くようになりました。

マーケティングや自己啓発のセミナーをネットや本で探し、興味のあるものに参加してみる。

そうするうちに、参加者の方と、前で喋《しゃべ》っている登壇者の方との違いに、少しずつ気づいていくようになりました。

それは、話している言葉が違うということ。

登壇者の方や西の大富豪に会わせていただいたお金持ちの方々は皆、とってもポジティブでした。お金に対しても前向きで、物事の捉え方もネガティブには見ません。

一方で、参加者の方々にはネガティブな発言をされている方が多かったのです。

セミナーではグループワークをする機会も多かったのですが、それぞれのグループに分かれて意見をシェアしている際も、お金に対してネガティブなイメージがあったり、新しい挑戦に対して悲観的に捉えている方がとっても多かったように感じました。

「お金持ちとそうじゃない人たちとは、言葉の違いがある」

そう感じて研究を進めるうちに行きついたのが、人の脳の仕組みや、心理に関してです。

豊かなお金持ちの思考・行動と、そうじゃない人の思考・行動では違いが見つかりました。

それは、「思い込み」の違いです。心理学ではこれを「バイアス」と言いますが、要は、わたしたちは皆、「思い込みのフィルター越しに現実を見ている」ということです。

この「フィルター」の違いが、お金持ちと、そうじゃない人たちを決める決定的なポイントだとわかりました。

「お金持ちの差」は「思考の差」である

もしあなたがお金に愛されない「貧乏ワールド」から、お金に愛される「お金持ちワールド」へ行きたいと願うのであれば、何よりも大切なのが「認識する」ことです。何を？　それは、無意識を、です。

あなたは、「お金儲《もう》けはいけないことだ」「お金は汚い」「お金の話はしてはいけない」などと思ったことはありますか？

わたしは、25歳までこの思いが根深く潜在意識に突き刺さっていました。

日本は他国に比べて貧富の差が少なく、「総中流社会」などと言われていた時期もありますが、現在ではどんどんその差が開きつつありますよね。

これ、実は「思い込みの差」なのです。

『ユダヤ人大富豪の教え』（大和書房）という本はご存じでしょうか？　本田健さん著の、日本人の青年がユダヤ人の大富豪に弟子入りして、お金持ちになるノウハウを学ぶという内容です。

わたしたち日本人は「お金持ちは悪い人」「貧乏人は心が優しい」などと教わって生きていきますが（日本昔ばなしなんて、まさにその典型ですよね）、ユダヤ人の社会では「お金持ちは善」であり、「貧乏は悪」であると教えられるそうです。

世界中の統計をとると、なんと「大富豪」とされる方々の約半数もの人がユダヤ系の人々であるということもわかっています。

お金儲けを悪いことと考える日本人と、お金儲けを良いことと考えるユダヤ人。この思い込みの差が、お金持ちになれるかどうかを左右することは否定できないと思いませんか？

事実、わたしが出会ってきた大富豪の方たちはみなさん総じて、お金儲けを良いことだと考えていましたし、お金に対してポジティブなイメージを持っていました。

衝撃的だったのは、ある女性経営者に会わせていただいた際のことです。

その方は月数億円を売り上げるほどの方で、ルイ・ヴィトンが大好き。いつも素敵なバッグやお洋服で身を包んでいて、さっそうと歩く姿が憧れでした。

季節はちょうど梅雨。雨が毎日のように降っていて、じめじめするし、ムシムシするしで、当時のわたしは梅雨が大嫌いでした。

ですが、その方はすごくゴキゲンで、「明日は雨だね〜♬」と、ニコニコ話していました。

「雨、お好きなんですか？」。そう聞くとその方はすぐさま、「ううん、別に好きじゃないよ」と。そして続けて教えてくれました。

「でもね、昨日ヴィトンでとっても可愛《かわい》い長靴を見つけたの！　明日、雨が降ればそれが履けるでしょ？　そう考えるとワクワクして、今日1日すっごいやる気満々でお仕事できたんだよね」

長靴にルイ・ヴィトン……!!

当時、木造4畳半に住む貧乏フリーターのわたしには、全くその選択肢がありませんでした。ましてや、ルイ・ヴィトンに長靴があることさえ、知りませんでした（お恥ずかしながら、ブランド物の知識はシャネルやヴィトンのバッグくらいで、しかもモノグラムなどの定番品しか知りませんでした）。

やっぱり、お金持ちはなんでもルイ・ヴィトンなんだ……。そう、変なフィルターができそうになったとき、その女性経営者の方はこう続けました。

「何でもね、自分がワクワクする選択をした方がいいよ。嫌なことなんていくらでも見つけられちゃうんだから。だったら、自分の好きなことにそれを被《かぶ》せて、嫌なことも好きになっちゃえばいい。そうすると、あっという間にお金に好かれるようになるよ」

ワクワクして、好きなことをして、嫌なことも好きになっちゃえばあっという間にお金に好かれるようになる。

初めてこの言葉を聞いたとき、わたしの中に大きな疑問が浮かびました。

「ワクワクすることや好きなことをするとお金に好かれるなら、なんでわたしはお金に好かれないんだろう？」

なぜなら、わたしは大好きな音楽をやって、プロミュージシャンを目指していたからです。

それなのに当時のわたしは、大好きな音楽をすればするほどお金がなくなるし、音楽をするためにバイトをすればするほど、大好きなことである音楽ができなくなる……、というループにハマっていました。

もしかしたら、わたしにはものすごくたくさんの「貧乏フィルター」が設定されているのかもしれない。それが原因で、ワクワクして、好きなことをしているのにお金に好かれないのかもしれない。

その方の話を聞いて、そう感じました。

ノートで「本当の自分」を見つけよう

わたしたちには、様々な思い込みのフィルターが設定されています。

わたしは女性特有の脳の使い方を学ぶ講座で講師もしていますが、生徒さんたちを見ていると、特に「お金」に関してはその思い込みの根が深い方がとても多いと感じています。

その根深いフィルターは、お金に関するネガティブな経験が原因です。

たとえば、「親がいつもお金がないと言っていた」「お金が理由で習い事を自由にさせてもらえなかった」「欲しいものを買おうとしてお金が足りなかった」「クレジットカードのリボ払いがかさんで、返済が苦しかった」「甘い言葉に騙《だま》されて詐欺に遭ってしまった」などなど、大なり小なりのネガティブな経験から、お金に関してネガティブなフィルターをつくってしまったのです。

そういったネガティブなフィルターを持ったままでいると、たとえば昇進・昇給のチャンスがあっても弱腰になってしまったり、収入を増やす新たな糸口が目の前に現れても気づくことなくスルーしてしまったりと、永遠にお金が増えない選択ばかりをしてしまいます。

この思い込みを洗い出すために必要なのが、「ノート」です。

本書ではノートを使って無意識の思い込みを洗い出し、お金持ちの思考へとインプットしなおすためのノウハウをたっぷりと詰め込みました。

また、わたしたち女性は特に、ノートを味方につけることが人生を「お金持ちワールド」へとシフトさせていく最大のキーポイントとなります。

その理由は本文にて詳しく解説していきますが、「本当の自分」と繋《つな》がることが、女性が心地よく、豊かに人生を生きていくために、必要不可欠なものだからです。

そのためにまず、第1章ではわたしが西の大富豪から教わった「お金の真実」をお伝えすることで、あなたのお金に関する思い込みを徹底的に書き換えていきます。

そして第2章では、思い込みの洗い出し方や、「本当の自分」とは何なのか、「本当の自分」と繋がる方法など、女性特有の脳の仕組みを具体的にお伝えしていきます。

第3〜6章ではノートを使った「お金持ちワールド」への行き方を具体的に説明していきますので、ぜひ、お気に入りのノートとペンを用意して読んでみてくださいね。

お金も、夢も、どんどん引き寄せてくれるよう、あなたの脳を設定していきましょう！

第1章

大富豪が教えてくれた「お金の真実」

第2章

勝手に「引き寄せ」が起こる脳の仕組み

第3章

「お金持ちワールド」に進んでいく脳内GPS活用ノート

第4章

ネガティブを味方につける「ノートの書き方」

第5章

気づいたら、「お金が増えちゃった♡」になる方法

第6章

ワンランク上の「お金持ちワールド」へのステージアップ

第1章

大富豪が教えてくれた「お金の真実」

そもそもお金とは？　お金の歴史とお金の正体

「お金」って、そもそも何だろう？

こんなことを考えることって、あまりないですよね。わたしたちが生まれたときからお金があって、何かを得るのにお金が必要なんだといつからか気づいて、そして気づけばそのお金に悩まされるようになって……。

じゃあいったい、お金って何なのでしょうか？　初めてわたしがこのことを考えたのは、西の大富豪からの質問がきっかけでした。

「そもそもお金って、何だと思う？」

初めてこの質問をされたとき、わたしは自信なく答えました。

「何かを買うのに必要なもの……？」

「せや。お金はな、『物』を手に入れるためにつくられたものなんや。厳密にいえば、『差をなくす』ために生まれたもんやねん」

西の大富豪にそう言われ、頭の中はハテナマークでいっぱい。だって、お金があるから貧富の差があるんでしょ？　お金が差をつくってるんじゃないの？？？と。

けれど、実は違います。お金というのは西の大富豪が言うとおり、「差をなくす」ために生まれました。

わたしたちがお金を使うのはどんなときでしょうか？　そう、お買い物をするとき、ですよね。つまり、何か「物」を得るときです。もちろん、水や電気、セミナーなど無形のものを買うときにも使いますが、ここではわかりやすくするため、「物」としますね。

では、大昔、お金が生まれる前はどのように物を交換していたのでしょうか？

それは、「物々交換」です。なんだか社会科の授業で習ったような気もしますよね。

お金が生まれる前、わたしたちの遠いご先祖さまは物々交換で欲しいものを得ていました。

たとえば、お米屋さんと金物屋さんが「これだけお米をあげるから、包丁1本くださいな」という感じで、物を交換していたのです。

ですが、たとえばお米などの作物はその時々で価値が変わりますよね。天候の影響などによって不作のときは価値が上昇し、たくさんとれれば価値が下がります。

なので、お米があまりとれないときとたくさんとれたときで、包丁1本を交換するために必要なお米の量が一緒だとお米屋さんにとっては不平等ですよね。

そういった「差」をなくすためにお金は生まれました。

つまり、「お金」というのは「物々交換のためのチケット」というわけです。

では、そのお金。大昔は綺麗《きれい》な石など、壊れにくいものが「お金」とされていましたが、現代になるにつれ、持ち運びの利便性からどんどん軽量化され、今では「紙」がお金とされています。

ちょっと高級な紙にちょっと特殊な印刷がされている「紙」。1万円と印刷されれば1枚はイコール1万円の価値であるとわたしたちは認識していますが、では、その1万円札、本当に1万円なのでしょうか？

みなさんは、1万円札がいくらでつくられているかを知っていますか？

実は、約17円なのだそうです。ちなみに、1円玉は1枚当たりの原価が約3円とのこと。1万円札は17円で、1円は3円。なんだかこんがらがってきそうですよね。

ちなみに、厳密に言うと毎年の流通量とお金をつくっている国立印刷局と造幣局の仕入れ額などに応じて変動するので、毎年微妙にこの価格は変わります。

さらに言えば、日本では100円の価値がある100円硬貨1枚も、たとえばアメリカドルに換金するとなると約97円にしかならなかったり、ユーロにすれば約80円にしかならなかったりします。逆に、オーストラリアドルにすると約127円に増えます（どちらも2021年1月のレートです）。

日本では「100円」の価値のある硬貨が、海外では増えたり減ったりする……。

これらのことをもってしても、お金ってすごく「あいまい」な存在であることがわかりますよね。

銀行がやっている3つのこと

お金についてやり取りをするとき、わたしたちが必ず関わることになるのが「銀行」ですよね。

お恥ずかしながら、わたしは25歳で起業をするまで、この銀行がどんな役割をしているのかをきちんと理解をしていませんでした。銀行とはお金を預ける機関。

それくらいの認識しかありませんでした。

では、「銀行」とは何をする機関なのでしょうか？　実は、3つの役割があるのだそうです。

1つ目が、「お金を預かる」役割。これはわたしたちが普段、最もよく活用しているもので、わたしたちのお金を預かって、安全に管理・保管してくれます。

2つ目は「お金を貸し出す」役割です。お金が必要な個人や会社に対して、銀行はお金を貸してくれますよね。たとえば家のローンや車のローン。会社として何か事業をする際。適切な審査をもって、銀行がお金のサポートをしてくれます。

これが、2つ目の役割です。

そして3つ目が、「お金を支払う」役割です。最近ではネットバンキングが発達して、わざわざATMに行かないでこの役割を使う方も多いのではないでしょうか。

もし、何かの支払いをするときに必ず現金で支払わないといけないとなると、ものすごく不便ですよね。だから銀行を使って口座から口座へお金を移動させてくれます。クレジットカードや公共料金の自動引き落としの設定も、この役割となります。

ここでポイントとなるのは、2つ目の役割です。銀行は、お金が必要な人にお金を貸してくれます。

では、そのお金。どこから出てくるのでしょうか？
実はこれ、わたしたちの預金なんです。銀行は、わたしたちの預金を種銭にしてお金を貸しています。

ですが、口座からお金が減ったことってあるでしょうか？　銀行にお金を預けて、あるときは減っていて、またあるときは元に戻っていた……。そんな経験、ないですよね。もし万が一、勝手に減っていたら銀行はクレームの嵐《あらし》となりそうですよね。

そう、減らないのです。銀行に預けた、わたしたちのお金。なのに銀行はわたしたちのお金を貸し出している……。これを知ったとき、また、わたしの頭の中はハテナマークで埋め尽くされました。ちょっとややこしいですよね。

誰かの「願い」がお金を生み出す⁉

たとえば、Aさんが銀行に1000万円預けたとします。Aさんの手元からは現金の1000万円はなくなりましたが、通帳には「10,000,000」の数字として残ります。Aさんが引き出したり、口座からの支払い設定をしていない限り、この数字はいつ見ても変わりません。

そんなとき、Bさんが「カフェをやりたいな～♡」という夢を叶えるため、銀行に「カフェを開業したいのでお金を貸してください」とお願いします。

銀行には「預金額の一定金額を残してお金を貸していい」というルールがあるので、その額を除いて900万円をBさんに貸し出すことと決めました。

この900万円はAさんの預金額を元手に貸し出しているように見えます。けれど、Aさんの口座はいつ見てもお金は減っていません。

さて、この900万円は、どこから生まれたのでしょうか?

これが、「信用創造」と呼ばれる銀行の仕組みのひとつです。

実は銀行は、貸付をするたびに新たにお金を生み出すことができるのです。つまり、何もないところからいきなり900万円が生み出されているということ(ちなみにこれ、わたしは全く覚えていませんが、高校の社会科の授業で習うそうです。笑)。

なんだかとっても不思議ですよね。

細かいことを言えば、この900万円はAさんの1000万円を担保にして銀行が新たに生み出しているのですが、それでもプラスで900万円が急に出てきたことに変わりはありません。

わたしはこれを知ったとき、「え! 魔法みたい!!!」と、大興奮したのを今でも覚えています。

誰かの「願い」がお金を生み出す!?
「信用創造」の仕組み

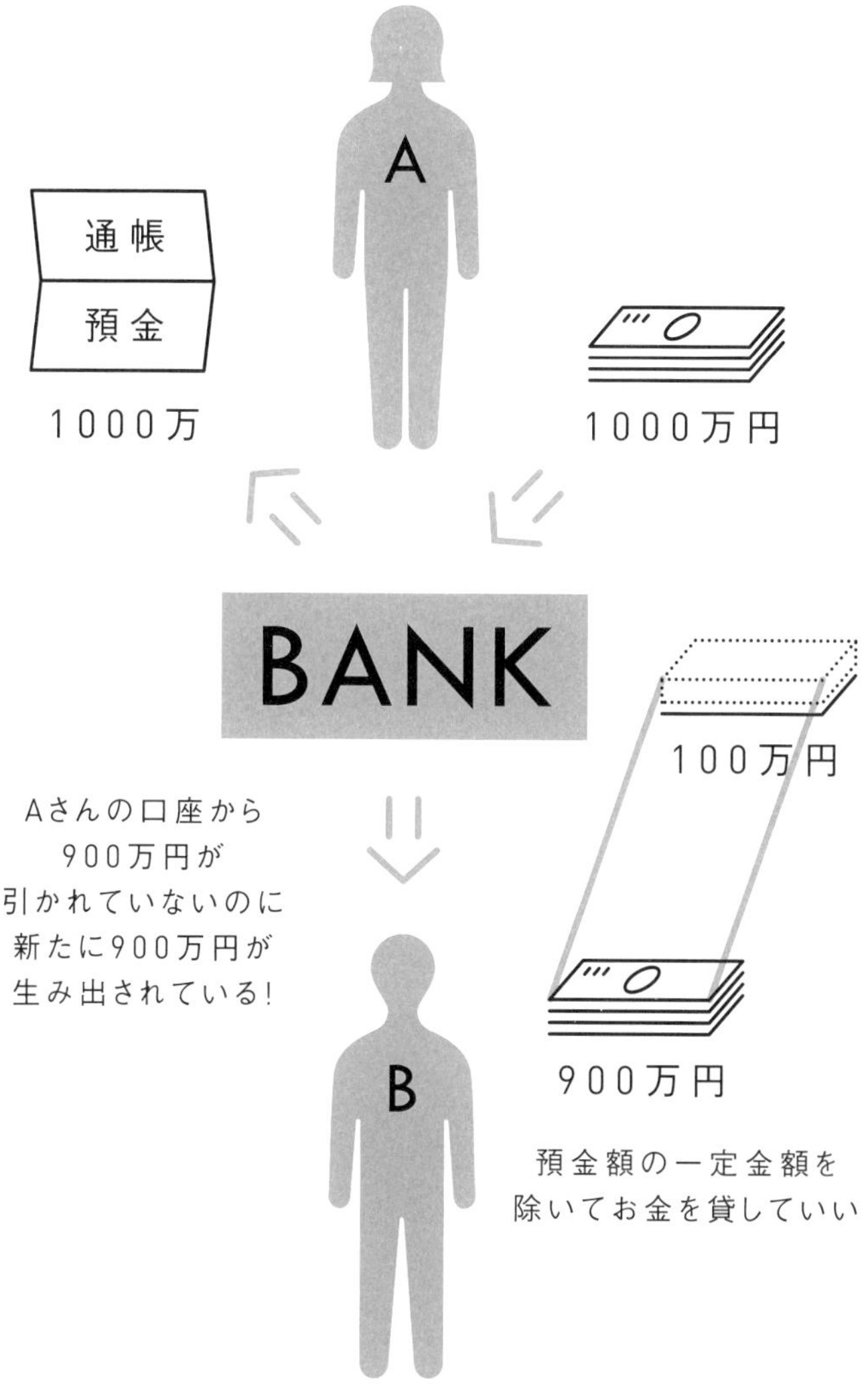
A
通帳
預金
1000万
1000万円
BANK
100万円
Aさんの口座から
900万円が
引かれていないのに
新たに900万円が
生み出されている!
B
900万円
預金額の一定金額を
除いてお金を貸していい

お金って実は、すごくあいまいで不確かなもの。

しかも、「カフェを開きたい♡」「家を買いたい♡」「引っ越しをしたい♡」。そんな、様々な「願い」を叶えるために、自由自在に増えていくことができちゃうのです。

さらに言えば、「願い」は、すればするほど、その分、世界のお金が増えていくという事実。


これを知って、わたしはお金に対する見方が変わりました。

わたしは「お金」に対して、限りがあるし、使ったらなくなっちゃうし、だから大事に使わないといけない、節約しないといけない……。そんなフィルターがありましたが、これを知って、「お金って実は、とってもあいまいで、不確かなもの。だからこそ、本当にわたしが願えば願うほど生まれるんじゃないか？」と思うようになったのです。

そこから、わたしのお金に対するフィルターは「お金とは、無限で実体のないもの。願えばどんどん増えるもの」に変わりました。

講座に参加されたみなさんもこのお話をすると、「お金は願いによって存在するなら、願えばいいのか！　もっと欲を持ってどんどん願いを書こうと決めました！」と、目を輝かせて教えてくれます。

あなたはいかがでしょうか？　これを知って、お金に対する見方は変わりましたか？


お金に対する見方が変わるというのは、つまり、お金に対する思い込みのフィルターが変わったということ。

そして、お金に対するフィルターが変わるということは、脳によって情報収集されるデータもどんどん変わっていくということになります。

わたしたちはなかなかお金に対して勉強をする機会がなく大人になってしまいますが、そうすると、お金に対して不安を覚えてしまいます。脳は、よくわからないものは得体が知れないので、イコール危険なものとして判断してしまうためです。

ですが、きちんと知ればわたしたちにとってものすごーく都合のいいものだということがわかり、なんだかほっとしませんか？

そして、きちんと知るとお金はわたしたちが願えば生まれるもの、つまり、わたしたちの願いを叶えるための、最大の味方であるということがわかってくるのですよね。

今、目の前にある現実はあなたの願いが叶った状態

「フィルター」という言葉が出てきたので、ここで脳の仕組みをお伝えしますね。

わたしたちの脳にはＲＡＳというとっても優秀なＧＰＳ機能が備わっています。

正式名称をReticular Activating Systemと言い、日本語で網様体賦活系《もうようたいふかっけい》という神

経の集まりです。頭の後ろを触ってみると、少しぼこっと凹《へこ》んでいるところがありますよね。その奥の、脳の真ん中あたりにあるのが、このRASです。

簡単に言うと、RASはわたしたちが外部から受け取った信号を脳に送ったり、脳で発した信号を体中に送り届けたりする機能があります。

たとえば、指を動かすとき。脳は、わたしたちが指を動かす前に「指を動かそう」と信号を出し、RASを通して指先にまでそれを送り届けます。

また、たとえば逆に、皮膚に触れた水の感覚を脳に伝達し「冷たい」とわたしたちが認識するのも、RASの役割の1つです。

このRASをわたしは「脳内GPS」と呼んでいます。

なぜなら、RASはスマホの地図アプリと同じ機能を持っているからです。

たとえば、あなたやお友達が妊娠した際、街中で急に妊婦さんを多く見るようになった経験はありませんか？

もしくは、欲しいバッグがあるとそれをよく見かけるようになったり、SNSで印象に残ったアイテムがあれば同じものばかりを何度も見るように感じたり……。そんな経験をしたことがある方は多いのではないでしょうか。

実はこれ、RASの仕業なのです。

RASには、脳にインプットされた情報をもとに、わたしたちにさらなる情報を次々と集めていってくれる素晴らしい機能が備わっています。

このRASはわたしたちが脳にインプットした「情報」のフィルターを通して、検索機能のスイッチをオンにします。

その「情報」とは、わたしたちの「記憶」のこと。脳にインプットされている思い込みのフィルターを通して、さらなる情報を集めていってくれるのですね。

まとめると、わたしたちは思い込みのとおりに、つまり、「思いどおり」の人生を生きているということになるのです。

これが、「思考が現実化する」仕組みであり、「引き寄せの法則」の正体です。

だからこそ、思い込みの「フィルター」を変えること。これが、理想の人生へとシフトさせるキーポイントとなります。

「思いどおりじゃない！」も、思いどおり

とはいえ、「全然思いどおりじゃないよー！」と思う方もいますよね。ですが、脳の仕組み的にはそれさえも「思いどおり」なのです。

「全然思いどおりじゃない」という思い込みのフィルターがあるからこそ、RASが「思いどおりじゃない人生」にするための情報を集めて、わたしたちに見せているのです。

わたし自身、25歳で起業をするまで、ずっとそうでした。特にお金に関してはいつもすごく悩んでいて、「わたしにはいつもお金がない」「稼いでも稼いでも消

えていく」「たくさん稼ぐにはたくさん頑張らないといけないんだ」などと思い込んでいました。

だからこそ、いっつもお財布にはお金がなく、収入が入ったそばから使ってしまったり、借金の返済にあてたり、バイトを3つも掛け持ちして、多くの時間をかけて頑張って稼いでいました。

わたしが運営している継続講座の生徒さんの中で、「引き寄せがうまくいくものもあればうまくいかないものもあるんです」と、話してくれた方がいました。

「たとえば、わたしは恋愛はうまくいくので、恋愛カウンセラーとして活躍したくて起業しましたが、なかなか集客ができなくて……。お金は全然引き寄せられないんです」

実はこれも、彼女がそう思っているからこそ、そのフィルター越しにRASが情報を集め、「お金は全然引き寄せられない」現実をつくっているのです。

彼女はその後、講座の中で脳の仕組みやRASの活用方法、フィルターの外し方を学ぶうちに、みるみるとそのフィルターを変えていき、今では人気カウンセラーとして、大好きな恋愛やメイクのことを仕事にしています。

その方法はこれから詳しくお話ししていくので、ぜひ楽しみに読み進めてみてくださいね。

今、見ている現実は、「真実」ではない

ここまでのところでお気づきかもしれませんが、実は、わたしたちが見ている現実は、そのほとんどが「真実」ではありません。

思い込みのフィルター越しに見ていたためにそれが真実だと「思い込んでいた」だけなのです。

そしてその思い込みは、生まれてからずーっと、大人になるまで、様々なところで刷り込まれ続けてきたものでした。

ご両親や学校の先生、親戚のおじさんおばさん、近所の人……。様々な人から様々な思い込みをインプットされ、無意識のうちにそのフィルター越しに現実を見ていた。だからこそ、その現実があっただけにすぎないのです。

たとえば、お金に関して言えば、お年玉は貯金しないといけないとか、こっちの方が安いからお得じゃない?とか、無駄遣いしたらいけないとか……。

他にも、努力して頑張ったらいいことがきっとあるとか、いい成績を取っていい学校に行けば将来安泰だとか、結婚して子どもを産んだら幸せになれるとか……。

もちろん、わたしも例にもれず、ずっとこのようなフィルターの中で生きてきました。

もちろんご両親や過去に出会った大人たちのことを責めるべきだと言いたいわけではなく、ポイントは、親も先生もみーんな、思い込まされて生きているのだということです。

たとえばわたしの場合、最初の起業では「サロンを経営して、全国展開していくぞ！」と、意気込んで、男性と肩を並べるかのように頑張っていました。

ですが、あとになって「サロン経営」や「全国展開」することはわたしの本当の願いではないことに気づきます。

ではなぜ、わたしはそのように考えてしまったのでしょうか。

それは、父からの刷り込みが元になっていました。

父はとても教育熱心な人で、幼稚園児の頃から、わたしは勉強や習いごとをたくさんしていました。中でも英語に興味を持って自分から楽しく学んでいたため、物心ついた頃には「お前は将来外語大に行って外交官になるんだ」と言われて育ちました。

だけど、結果はご存じのとおり。25歳になったわたしは、借金持ちのフリーター。

だからこそ余計に、「わかりやすい成功の形」が欲しかったのですね。そうしたら、父に認めてもらえると思ったから。

そう、わたしは、「父が望むであろう成功の形」を選択したのでした。

これだけ書くと父が悪人のようですが、そうではありません。なぜなら、父にとってはそれが「正しい成功の形」だっただけだから。

さかのぼってみれば、父の父、つまり、「はじめに」に出てきたおじいちゃんは、頭が良くて戦時中にもかかわらず兵役を免除されたほどの人で、田舎の出なのに国立大学の出身でした。

わたしには甘々なおじいちゃんでしたが、父には厳しく勉強をさせたようで、地元のトップ高校に落ちた父は高校浪人をしてまで合格し、東京の有名私立大学の法学部を卒業しています。

もっとさかのぼれば、会ったことはないのですが、おじいちゃんの父、つまりわたしの曽祖父《そうそふ》は、田舎の農村地帯で唯一、現在の東京電力に勤めていたエリートだったのだそうです。

つまり、「高学歴が正しい」「学歴があれば豊かになれる」というような思い込みが、曽祖父から、いいえ、きっともっと前から、松浦家には代々伝わっていたのでした。

お金が入ってこないフィルター設定とは

これと同じように、様々な思い込みをわたしたちは代々継承しています。

それはもちろん、お金に対しても同じことが言えます。

たとえば、もしお金が欲しいのだとしたら、お金を得るためにはどうしたらいいと思いますか？

わたしがセミナーなどでこの質問をすると、「働いてお給料を得る」と答える方が圧倒的に多いです。あなたはいかがでしょうか。

では、また質問します。それは本当に、あなたが考えた意見ですか？　本当に、あなた自身のオリジナルの意見でしょうか？

こうやって念を押して聞かれると、「あれ、違うかも……」と思ってきますよね。

では、もし違うのなら、あなたはどうしてそう考えるようになったのだと思いますか？

多くの場合は、「親がそうしていたから」という答えになるかと思います。もしかしたら「みんなそうしているから」という答えもあるかもしれません。

そう、わたしたちは、誰かの意見を無意識のうちに採用して自分の考えにしているのです。

「お金を得るためには働かなければいけない」というのは、あくまでも一意見です。実際に世の中を見渡してみると、働かないでお金を得ている方もたくさんいますよね。

不動産を持っている方は家賃収入がありますし、株などの投資で収入を得ている方もいるでしょう。

それなのに、どうしてあなたは「お金を得るためには働かなければいけない」

と思っているのか。その考えはいったいどこから来たのでしょうか？

わたしたちは成長していく中で多くの「意見」を耳にします。

その中に「お金を得るためには働かなければいけない」という意見があり、親や学校の先生などの影響で無意識のうちにあなたの意見として採用してしまっただけ、なのですよね。


「はじめに」で、「お金持ちかそうじゃないかの差は思考の差である」と書きましたが、まさにここがお金持ちになれるかどうかのポイントです。

お金持ちじゃない家の子がお金持ちではなく育つのは、お金持ちではない親からの「思考」を受け取っていたから。

わたしたちは「わたしが貧乏なのは家系のせいなんだ」と思いがちですが、それはある意味で真実なわけです。貧乏な思考が、親から子へ、子から孫へと受け継がれていたのですね。

「貧乏思考」も「お金持ち思考」も遺伝のように連鎖する

自分が貧乏なのは「貧乏思考」が連鎖しているから。では逆に、お金持ちの家ではどうなのでしょうか。

継続講座の生徒さんの中に、こんな方がいました。

「わたし、お金で苦労をしたことがないんです。いつもなんとなーくうまくいってしまって、だから人に教えることもできなくて……」

40代の綺麗な女性で、金融の営業職をされているMさん。その方はご両親が共にそれぞれ経営者で、親戚にも経営者の多い環境で育ってきた方でした。

いわゆる「お嬢様」として育ってきたので、「お金を得るためには働かなければいけない」という思い込みもないですし、「あくせく苦しんでお金を稼がないといけない」というフィルターもありません。だからこそ、お金をポジティブなイメージで捉えていますし、投資や副業など、お金を得るための発想も豊かです。

彼女は富裕層に対して投資や金融資産を販売していますが、「Mさんに任せたら大丈夫な気がする」と多くのクライアントに言わせ、根拠がなくても「気がする」というだけで、ポンッと数千万円、数億円を彼女に預けるのだそうです。

お金に対してポジティブなイメージを持っているとお金がどんどん引き寄せられていく典型例ですね。

Mさんと話していると、ご両親がお金に対してポジティブな捉え方をしていたのだなあと感じることができます。会社を経営するご両親が、Mさんの目には楽しそうに映っていたのだそうです。

だからMさん自身も、好きなお仕事を楽しそうにこなして、「これでお金をいただけるなんて嬉しい！」とよく口にしています。

このように、わたしたちは「誰かの思考」を受け取って、無意識のうちに「自分の思考」としています。

「うちは貧乏家系だから頑張っても無駄」とか、「親の太りやすい体質が遺伝したから自分も太ってるんだ」などと耳にすることも多いのですが、それはただ、「思考」が連鎖しているだけなのです。

貧乏な家系がずっと貧乏なのは、その思考が連鎖されているだけ。

あなたがもし、「自分は貧乏だ……」と悩んでいるのであれば、あなたは親からの貧乏な思考を採用してしまっていただけなんです。デブ遺伝子も、貧乏遺伝子もありません。

あなたに必要なのは、その貧乏になる思考を断ち切ることだけ。貧乏になる意見を採用するのをやめるだけなのですね。

『思考は現実化する』(きこ書房)という本が大ベストセラーを記録しましたが、現実化する「思考」とは、あなたが日々、考えていることです。

その考えが良い・悪いということでもなく、正しい・正しくないということでもありません。あなたのその思考が、あなた自身が考え出したものでなく、他人の意見を採用しただけのものであっても、脳はそれを「あなたの意見」だとみなし、現実化してしまうのです。

あなたがもし、「人生が思いどおりにならない……」と感じているのであれば、それはあなた自身の本当の想《おも》いと、あなたが無意識のうちに採用してきた他人の意見とがごちゃ混ぜになってしまっている可能性が大きいのです。

それはその人の思考であり、あなたにとって必ずしもベストなわけではありません。

まずは、それらの無意識を洗い出してみましょう。そして、「本当の自分」に問いかけてみましょう。「本当はどうしたいの?」と。

その答えが、あなたを「お金持ちワールド」へ連れていってくれる第一歩となりますよ!

第2章

勝手に「引き寄せ」が起こる脳の仕組み

夢が叶っても苦しいのはなんで？

多くの場合、「お金持ち」を目指そうとすると、会社を興して起業をしたり、年収をアップさせようとしたり、高級マンションや高級なバッグなどを手に入れたりしようとしますよね。

わたし自身、前述のとおり最初の起業ではまさにそこを目指していました。最初は出張エステの形で、お客さまのご自宅に出向いて施術をする形態でしたが、その頃から「いつか自分のお店を持ちたい」と考えていました。そして「何店舗も展開をして、全国に自分の店を持ちたい！」とも。

その想いを胸に、起業した1年半後、西新宿に1店舗目のエステサロンをオープンします。最初は自分で施術をしていましたが、しだいに、なんだか違和感を感じるようになりました。

「なんでだろう？　念願のサロンをオープンできて嬉しいはずなのに……」

もしかしたら、施術ばかりしているのが好きじゃないのかもしれない。ずっとサロンに居続けて施術をしていたわたしは、そう感じてエステティシャンを雇うことにしました。

店舗経営をする中で、サロンの経営戦略や店舗展開の構想を練り、実践するのはすごくワクワクと楽しかったのですが、施術ばかりをすることはそれほど好きではないのだと気づいたからです。

スタッフに施術を頼み、わたしは経営側に回る。これで違和感は多少は改善されました。そう、多少は、だったのです。けれどその頃のわたしはサロンを出したばかりで、多店舗展開することが目指すべき形だと思い込んでいました。そのためその違和感を無視して、改善されたことを良しとして進んでいきました。

しかし、違和感はどんどん大きくなります。2店舗目以降はフランチャイズの形式で展開していたのですが、お店が増えれば増えるほど、苦しくなっていきました。

「サロンを持つことが夢だったはずなのに、多店舗展開していくことが夢だったはずなのに、なんでだろう？」

そう、モヤモヤと苦しい日々が続いたのです。

ありがたいことにサロンは順調でした。お客様の予約もあるし、他の店舗のことも考えないといけない。目まぐるしく過ぎる日々の中で、違和感は募るばかり。

そんな中、その頃すでにノートに向き合う習慣のあったわたしは、夜な夜なノートに自分の想いを書き連ねるようになりました。

詳しい書き方などは第3章にてお伝えしますが、自分の内側の想いをノートで咀嚼《そしゃく》していったのです。

「なんでこんなに違和感を持つのだろう？　何が苦しいって感じるの？　本当はどうしたいの？」

そう、自分に問いかけて書き出していく中で、あることに気がつきます。

それは、「エステサロンの経営」はわたしが本当に望んだことではなかったということでした。

違和感の正体は内側と外側のズレ

実は、最初の起業の際にエステを選んだのは「わかりやすい成功の形」を得たかったからだと、書き出していて気づいたのです。

もともとフリーターで学がないことにコンプレックスのあったわたしは、周りを見返してやりたい気持ちが強く、「エステサロンのオーナー」「多店舗展開している経営者」という自分として、周りに見られたいと思ったのです。

そう、つまり、自分の本当の願いではなく、世間一般的にいわゆる「成功の形」とされるものを得たいと思って、サロン経営を選んだのでした。

違和感の正体は、これでした。

わたしたちは、内側で願っていることと、外側で起きていることにズレが起こるときに、ストレスを感じます。

つまり、心の奥底で思っている本音と、現実で体験していることが違うと、「違う違う、そうじゃないよー！」と、違和感や息苦しさ、不満足感などの感覚でわたしたちに教えてくれます。

これをわたしは、「本当の自分」と呼んでいます。

「本当の自分」は、わたしたちの心の内側にいます。

わたしたちはガンダムのようなロボットで、心臓のあたりに操縦席があり、そこに座っているのが「本当の自分」と言うとわかりやすいでしょうか。

操縦席に座って「こう操作したい」と思っているのに、ロボットが勝手に、他の誰かからインプットされたオートプログラミングで動いていたら、「違う、違う、そうじゃないよー！」と、困ってしまいますよね。

これと同じことが、わたしたちにも起こります。

「こうあるのが正しいと思う」というフィルター越しに選択を繰り返し、今の現実があります。

その現実に違和感を感じていたり、ストレスで息苦しかったりするなら。

もしかしたらあなたは今、「本当の自分」が「違うよー！」と教えてくれている状態なのかもしれません。ぜひ、「本当はどうしたいの？」と、自分に問いかけてみてくださいね。

男性性と女性性のバランスが整うと理想はさくさく叶っていく

実はこの、「本当はどうしたいの？」という質問は、特に女性が理想を叶えていく際にとっても大切なポイントとなります。

心理学において「男性性」と「女性性」という考え方があるのですが、これは、肉体的な性別ではなく、感覚的な部分での「男性らしさ」や「女性らしさ」のことを言います。

一般的には男性の方が男性性が強く、女性は女性性が強いとされていますが、男女問わず、わたしたちすべての人がどちらの感覚も持ち合わせています。

男性性…論理性、リーダーシップ、攻撃性、積極性、決断力、行動力など、外向きの意識が強い性質

女性性…感情、やさしさ、包容力、柔軟性、共感性、受容性、感受性など、内向きの意識が強い性質

こちらを見るとわかるとおり、現代社会は男性性重視でつくられています。わたしたち女性がこの仕組みの中で生きていくと、気づかぬうちに女性性が弱まっていき、男性性が強まっていくようになっているのですね。

そうすると、男性性と女性性のバランスが崩れてしまいます。そして、脳と心

のバランスも崩れ、突然爆発したかのように負の感情を止められなくなってしまったり、ホルモンの影響を受けて情緒不安定になってしまったりしてしまうのです。

男性性を否定しろと言っているわけではありません。

大切なのは、男性性と女性性のバランスです。

現代社会では男性性が優位になりやすい。だからこそ、あえて女性性にフォーカスすることで、バランスを取っていくことができるようになります。

「男性性＝外向きの意識が強い性質」、「女性性＝内向きの意識が強い性質」ということはつまり、「外側」を構築する能力はイコール「脳」であり、「男性性」の能力。「内側」を味わう能力がイコール「心」であり、「女性性」の能力となります。

男性性＝脳＝外側

女性性＝心＝内側

こう書くとわかりやすいかもしれませんね。

わたしは初めてこの事実を知ったとき、なんだか心と体のアンバランスさがスッと整ったような、重かった心と体がすごく軽くなった感覚を得ました。わたしが苦しかったのは、ただ、女性性を無視し続けていたからだとわかったから。

「本当はどうしたい？」。そう聞くとき、自然と胸に手を当てたくなりませんか？

そう、なぜならそこには「本当のわたし」が座っていて、あなたに見つけてもらえるのを待っているから。そこにあるのは心臓。つまり、心ですよね。

やっぱり、わたしたちが大切にするべきなのは、そこになるのです。

心で感じていることと脳が考えていることを一致させよう

前項で説明した男性性と女性性ですが、実はそのまま、脳と心として置き換えることができるとも説明させていただきました。

「本当の自分」と言うとなんだかふんわりしているように感じてしまいますが、要は、「自分の心の本音に従う」ということです。

これまでお話ししたとおり、「お金持ち」を目指してビジネスを興したり、収入アップを目指して仕事を増やしたりしていても、なんだか苦しくなったり、違和感を感じたりすることがあります。

それは、内側と外側のズレが原因だとお伝えしましたが、要は、心で感じていることと脳が考えていることがズレてしまっているということなのです。


「思考が現実化する」というお話は引き寄せの法則などでよく耳にするかと思いますが、この、現実化する際に人は二度、「そうぞう」しています。

一度目は心で「想像」すること。夢や理想を思い描き、イメージを膨らませるのは心です。

そして二度目が脳で「創造」することです。脳には心でイメージしたことを現実に具現化する力があります。

ですが、この2つが一致していないと、どんな目標を達成しても苦しくなってしまいます。

たとえば、こんな感じです。

心「お金持ちになりたーい♡　好きなことで仕事してたくさん稼いで、ゆるゆる生きていきたいなあ♡」

脳「そんなの無理に決まってるじゃん。会社員だし、副業できないし、それにお金稼ぐのって大変だよ？」

→「無理」な現実が創造されていく

脳にはRASがあるので、無理だと否定すれば「無理」となるための情報をどんどん集め、それを実行していきます。そうすると現実は一向に変わらず、だからこそ、「やっぱり無理なんだ……」と、心まで諦めてしまうことになるのですね。

脳と心の「そうぞう」の仕組み

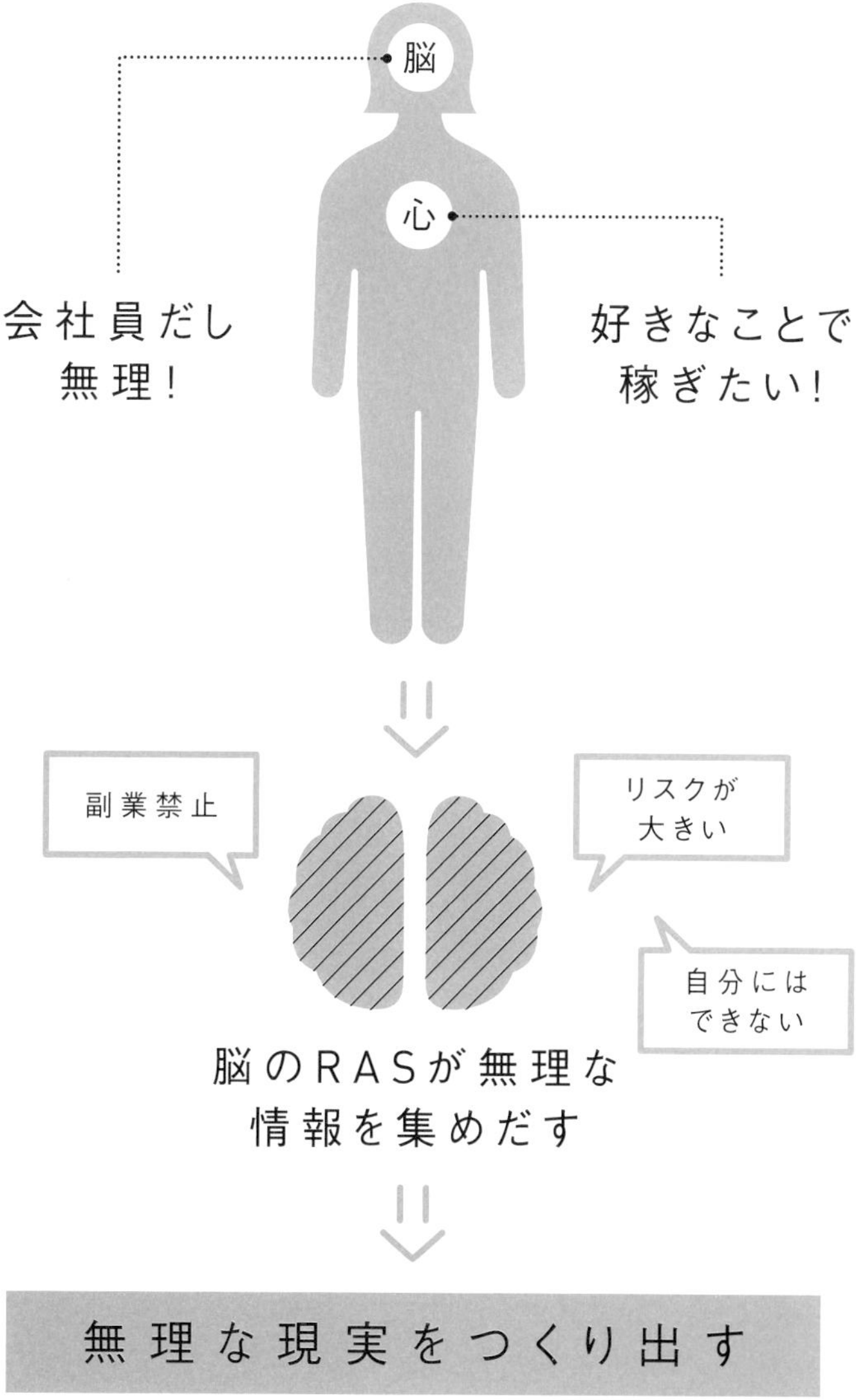
脳
心
会社員だし
無理!
好きなことで
稼ぎたい!
副業禁止
リスクが
大きい
自分には
できない
脳のRASが無理な
情報を集めだす
無理な現実をつくり出す

大切なのは、「心」が感じていること、思っていることに耳を傾けてあげること。繰り返しになってしまいますが、だからこそ、大事な質問は「本当はどうしたいの？」です。

そして出てきた答えを聞いたら、否定しないこと。

共感して、受け入れてあげましょう。「そうだよね。叶えたいよね」って。そしてこう続けてあげてください。「一緒に叶え方を考えていこう！」と。

これが、脳内ＧＰＳに「お金持ちワールド」のルートを設定するキーポイントとなりますよ。

無意識のうちに「引き寄せ力」がアップする３つの「脳力」

最後にお伝えする脳の知識です。

わたしたちには３つの「脳力」があります。その３つとは、「思考力」「感受力」

「直観力」の3つ。

よく、「理屈は左脳」「感性は右脳」という話を聞いたことはありませんか？
人間の脳というのは1つの物事を考える際、脳全体を使って考えているので右脳や左脳のどちらか一方だけを使うということはないのですが、わかりやすくするためにここで少し解説しますね。

人間の「思考力」をつかさどっているのは、脳の中で大脳優位半球《だいのうゆういはんきゅう》という部位になります。これが、一般的には「左脳」と呼ばれる部位です（ただし、左利きの人の場合など、まれに右脳になる場合もあります）。

ここは、言葉を使ったり、論理的な思考や、数値の計算などが得意な部位です。
そう、つまり、「男性性」の部分となります。
特に言葉に関しては左脳がほとんどの役割を果たしているため、思考でいろいろ考える力がとっても高い部位なのです。

一方で、「女性性」の感受性は脳全体を使っているのですが、左脳は先ほど説明したとおり、言葉や思考にその多くのエネルギーを使っているため、ほとんど右脳が小脳と辺縁系《へんえんけい》などと手を組んで働いています。

そのため、イメージで説明すると「感受力」は右脳となります。

この、左脳と右脳を繋《つな》いでいるのが「脳梁《のうりょう》」という部位なのですが、これが、「直観力」をつかさどっており、ここが「思考力」と「感受力」の領域をものすごいスピードで行き来しています。

脳内GPSであるRASがキャッチした外からの情報は、左脳によって顕在意識（わたしたちが普段、意識して思考している部分）にあげられているのですが、その情報は潜在意識（無意識の部分）にも蓄積されています。

この、潜在意識に蓄積し、わたしたちを無意識のままに行動に繋げているのが、「感受力」と「直観力」となります。

実はこれが、脳の仕組み上で解明されている、「引き寄せの法則」の正体だとわたしは考えています。

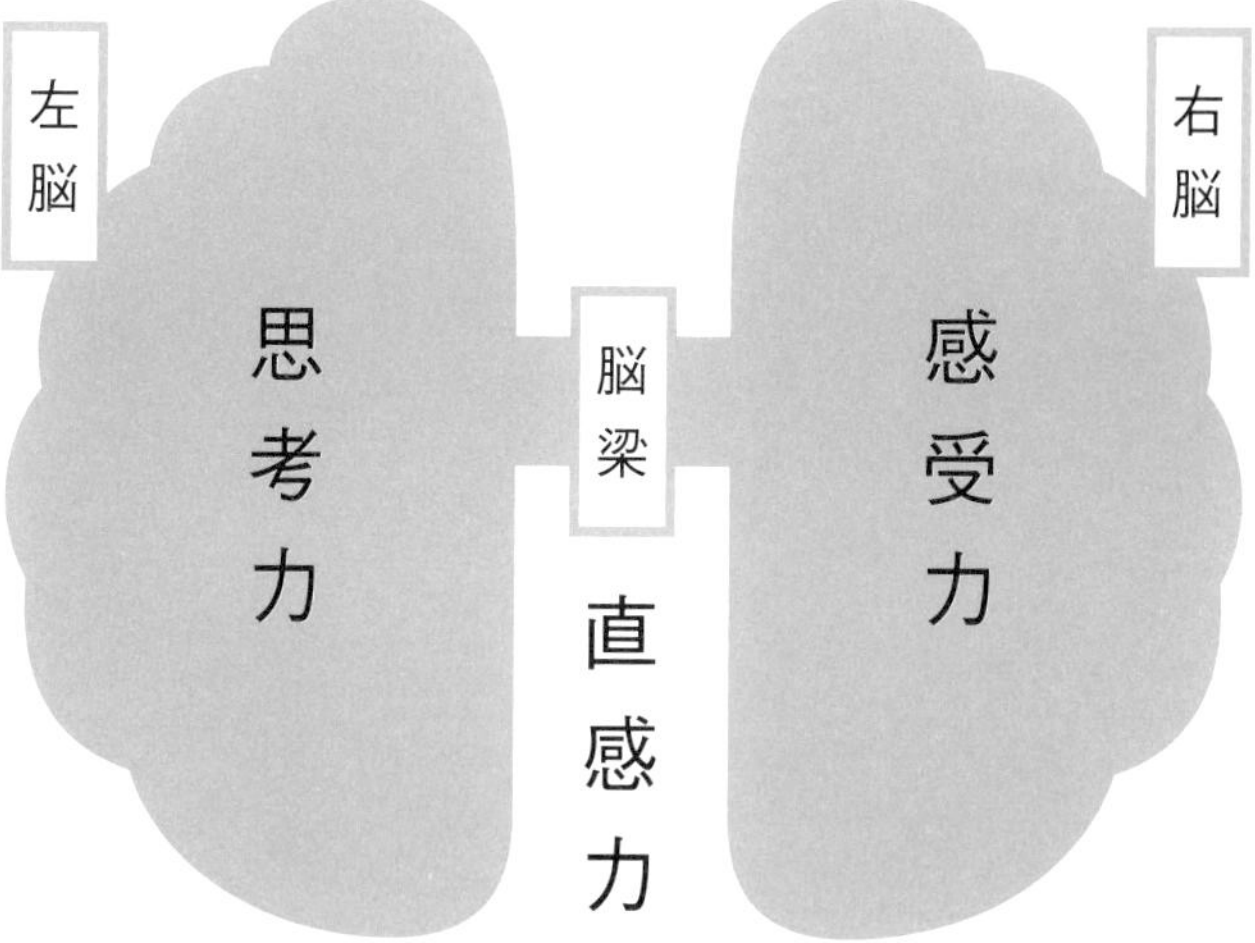

感受力が高まると、潜在意識で情報をキャッチしやすくなり、直観力が高まる。

そうすると、「なんとなく気になる」「わっ！　ひらめいた♡」「なんとなくこっちはやめておこう」というように、脳内GPSが集めてくれた情報を正しくキャッチできるようになります。

ちなみに、この脳梁は、一般的に男性より女性の方が20％ほど太いため、女性は感受力を高めていくと引き寄せ力を高めやすくなります。

脳内GPSであるRASが、脳にインプットしたわたしたちの理想を叶えるために無意識のうちに情報を集めて、無意識のうちにわたしたちに行動をさせてくれる。

その素晴らしい機能が「脳梁」がつかさどっている「直観力」という脳力なのです。

だからこそ、顕在意識で考えてもみなかった、想像以上の出来事が起こるようになり、それがまるで魔法のように感じるため「宇宙さんが叶えてくれた♡」という感覚になるのではないかと考えています。

「本当の自分」の声をただ信じて進んでいけば、想像以上のミラクルが起こる♡

現代は男性性が優位になりやすく、男性性が優位になりすぎると女性性が弱まり、バランスが崩れると前述しましたが、同じように思考力を使いすぎてしまうと、感受力が弱まります。

そして、感受力が弱まってくると、直観力までも弱まってしまうのです。

だからこそ、「本当の自分」の声を聞くクセをつけることが大切となります。「本当はどうしたい？」と、本当の自分に問いかけていくと、心がワクワクする方向を選択しやすくなります。そうすると、感受力が高まるため、さらに潜在意識が理想を叶える情報をキャッチしやすくなる。これが、直観力が冴《さ》えている状態となります。

それなのに、「あーでもない、こーでもない」と、思考力（脳）でうんうん考えてしまうと、何かを感じたりする感受力（心）が弱まってしまう。

これでは、せっかく「お金持ちワールド」への目的地を設定しても、脳内GPSは正常に作動しません。なので、うんうん唸《うな》ってしまいそうになったら、パンッと手を叩《たた》いて思考をいったんストップ！　大きく深呼吸して、心臓のあたりに手を当てて、こう呟《つぶや》いてください。「本当はわたし、どうしたい？」と。

そして浮かんできた言葉を行動リストにして進んでいくと、脳内GPSのスイッチがオンになり、あなたを想像以上の世界に連れていってくれますよ！

第3章

「お金持ちワールド」に進んでいく脳内GPS活用ノート

気づけば「お金持ちワールド」へワープできる魔法の習慣

西の大富豪からお金に関する真実を教えてもらい、脳の仕組みを学んでいったら、これまで「無理かも……」と思っていたお金持ちになるという想いが、「できるかもしれない！」と、目標に変わりました。

そしてわたしは、25歳で「起業」という道を選択したのです。

そんな中、西の大富豪はわたしを多くの社長さんに会わせてくださいました。中でも衝撃的だったのが、分厚い手帳が2冊、カバンから出てきた方がいらっしゃったことです。これがきっかけとなって、わたしはノートや手帳に着目するようになりました。

その方は『7つの習慣』（キングベアー出版）で有名なフランクリン・プランナーを活用されていたのですが、分厚いビジネス書のような手帳に驚き、思わず「すごい！　なんで2冊なんですか？」と質問したのを覚えています。

「これか？　俺な、夢が多いねん。やりたいことも多いから、1冊で日々のことと夢を両方入れると足りないねん。だから1冊は夢用、1冊は毎日使う用って分けとるんや」

　とのことでした。彼は京都出身の社長さんで、元映画のカメラマンという面白い経歴をお持ちの方。わたしが出会った頃はすでに大富豪でしたが、起業する前はバイトのような感じで月8万円程度の収入しかなく、6畳一間に4人でシェアして住んでいたほど貧乏だったのだそうです。

　将来、映画のプロデューサーになりたいんだと夢を語ってくださいました。

　その分厚い2冊を毎日持ち歩いて、移動の車や、少し空いた時間などに夢用をながめて毎日イメージを刷り込んだり、毎日使う用の方には日々のことを記録したりしているのだと話してくださいました。

　その後、たった1年でその方は映画のプロデューサーになるという夢を叶え、しかも立て続けに2本の映画を担当、さらにそのうちの1本は有名俳優さん主演のメジャー映画で、大ヒットを記録し、長い間上映されていました。

他にも多くのお金持ちの社長さんに出会わせていただきましたが、みなさんに共通していたのが、手帳だったりノートだったり、「記録」することを習慣にしていたということです。

しかも、そのすべての方が「絶対的に手書きがいい」と断言されていました。

詳しくは前著『望む人生に組み替える「未来設定ノート」』（大和出版）に書かせていただいたのですが、実は、手で書くことの方がスマホに入力したりPCにタイピングをすることよりも、なんと1250倍も脳の神経が活性化されます。

大富豪の方々がみなさんそれをご存じだったかはわかりませんが、総じて共通していたのが、ひとりで書く時間を最優先で確保していることでした。

「日々あったことを記録しなさい。悩んだら書くとええ。書くだけで頭の中が整理されるしな、書いて寝るだけで起きたら悩みが解決するんやで」

西の大富豪にもそう言われ、それからわたしは、1日見開き2ページの分厚い手帳（当時はフランクリン・プランナーを使っていました）に、日々のことを記録するようになりました。

そうしていく中で、引き寄せの法則から始まり、心理学や脳科学などの学んだ知識をノートで実践していくうちに、気づけば借金はなくなり、住まいも、ライフスタイルも、どんどん理想のものへと変化させていくことができました。

この章ではそれらの知識をメソッド化した、脳の仕組みを使って「お金持ちワールド」へ行くノート術をお伝えしていきますね。

「貧乏ワールド」から脱出する3つのステップ

それでは、ここからは具体的に、あなたの脳内GPSのスイッチをオンにしていきましょう。そのために必要不可欠なのが、ノートとペンです。

第1章でもお伝えしたとおり、わたしたちは毎日のほとんどを「無意識」で過ごしています。脳で考えることの実に90％以上が無意識によるものであると聞いたことがある方も多いのではないでしょうか。

脳というのは、過去の記憶の貯蔵庫です。過去に経験したこと、感じたこと、学んだことなどがインプットされています。

そして、それらの情報をもとに、日々の選択を無意識で積み重ねています。

たとえば、過去に何度か、帰宅途中にコンビニに寄って帰った経験が積み重なると、脳内GPSは「帰宅途中でコンビニに寄るルート」を導き出して自宅までわたしたちを動かします。

無意識のうちにコンビニに吸い寄せられて、すごく欲しかったわけでもないのに、お腹がすいてついついおにぎりやお菓子、お酒などを買って帰ってしまった、なんて経験はありませんか？　しかもそれ、繰り返されるとどんどん無意識化が加速して、「あれ？　なんでこんなにお金がないんだろう……」なんてことにも繋がってしまうんですよね。

これが、今あなたが「貧乏ワールド」に住まわされている原因です。

この無意識のデータは子どもの頃から蓄積されているものなので、多くの場合は膨大な「貧乏ワールドデータ」が蓄積されています。


この「無意識」をまずは「認識」する必要があります。その際に大切になってくるのが、無意識に気づくこと。そのためには、ノートに書きだして、視覚化していくことです。そのステップは次の3つ。

■無意識の思考や行動に気づくこと
⬅
■その際に味わっている感情や感覚を知ること
⬅
■「本当はこうしたい」と思う本音に合わせて変えること

特に「無意識の思考や行動に気づく」ために必要不可欠なのが、「日々のログ（記録）を取る」ことです。日々の中で無意識に気づくというのは、普通に暮らしていると、結構難しいことではあります。なにせ、「無」意識ですから。気づけるわけがないのです。

だからこそ、日々のログを取り、記録に残していくこと。要は日記をつけることで、無意識に気づくことができるようになります。

無意識に気づくための「9セルメソッド」

ですが、毎日日記をつけるというのはなかなか難しいですよね。そこで、わたしがオススメしているのが「9セルメソッド」です。

これはわたしが考案したノートの書き方なのですが、日々のことを9つのセル

（マス）に分けて書き出していく手法です。1つのセルに1テーマを書けばいいので、1セルにつき2〜3行ですむため続けやすいのです。

やり方は簡単。まずはA5サイズのノートを開いてください。もちろん、A4でもいいのですが、ノートが大きくなればなるほど持ち歩きづらくなりますし、1つのセルの枠が大きくなってしまい、書く量が多くなってしまうのであまりオススメしません。ベストなのはA5サイズ。もっと小さいノートがお好みなのであれば、B6サイズでもいいかなと思います。

見開きのページを開いたら、左側のページに縦線2本、横線2本を均等に引いて、9つのマスをつくります。これでベースは完成です。

9つのマスの真ん中と、その右横はテーマが決まっています。それは、「今日のこと」と「昨日のこと」。残りの7マスは書いている際に浮かんできたことを書いていきます。

たとえば、「上司に怒られたこと」「今進めている企画のこと」「次の会議のこと」

など仕事のことはもちろん、「彼とのこと」「最近読んだ本のこと」「勉強中の英語のこと」など、プライベートのことも書き連ねていきます。

ここでぜひ、あなたに毎日書いてみてほしいテーマがあります。

それは、「お金のこと」。毎日1マス分、たった2、3行でいいので、「お金のこと」について考える時間をつくりましょう。

書く内容は、「使ったお金の内容と感想」です。

たとえば、「昨日は同僚と飲みに行って使いすぎてしまった。飲み代○○円」や、「仕事で頑張ったから、帰りにデパートによって大好きなブランドのチョコを買って帰った♡　○○円」「お腹がすいてついコンビニでお弁当購入。○○円」のように、使ったお金の内容と、それに対しての感想を書いてみましょう。

右ページには、左側の9マスの中からより深めたいことを書きます。

たとえば、今、英語の勉強をしていてそのスケジュールを再度設定したいのなら、勉強スケジュールを書いてみたり、上司から怒られてストレスが溜《た》まっているのならその愚痴を吐き出してみたり。

お金のことであれば、その日使ったお金の内容をすべて書き出してログにしていくのもいいですし、左側に書き込んだお金の内容に対して自分がどう感じているのかを書き連ねてみるのもオススメです。


ぜひ、1週間でいいのでこの9セルメソッドでノートに日々のログを取ってみてください。

1週間ほど続けてみると、自分が日々、どんなことを考えているのか、どんな行動を取っていて、それに対して何を感じているのかが明確になっていきます。

お金に対しても同じで、自分はどんなお金の使い方をしていて、何を感じているのかが、ログを取ることによって明らかになっていきますよ。

また、毎日お金のことを考えることによって、脳内GPSのスイッチが「お金」にフォーカスして情報検索をスタートさせます。そのため、どんどんどんどん、お金に関する情報が入ってきやすくなるのです。

自炊したい!でもなかなかできない…。

↓

なんでできないんだろう?
買い物するときは「あれ作って～」と考えるけど、
帰宅するとどっと疲れがでて、結局何もできなくなっちゃう。
コンビニのお弁当、美味しいしつい買っちゃうのも
ダメなの分かってるけどやめられない～。

↓

本当はどうしたい?
自炊するより、まずは体を休めたいかも。
早くお腹満たしてお風呂にゆっくり浸かって、
しっかり寝る時間を確保したい!
自炊よりも、そっちが先決な気がする…。

↓

じゃあ、明日からどうする?
自炊はいったん諦める!
今ある食材はもったいないから具沢山スープにしよう。
コンビニは添加物が気になるから、
駅近くのお総菜屋さんでお惣菜買って帰って、
スープとお惣菜のお夕飯にしよう。
そうすれば野菜たっぷり食べられるし、
コンビニのついで買いも減って罪悪感も減りそう!
まずはゆっくりお風呂⇒早く寝るで、体力回復!
そして、自炊する気力がわいたら自炊にしよう。

右側のページは
左の項目からより
深めたいことを
ピックアップして咀嚼したり、
空けておいて
夜の感情デトックスに
使うのも○

Today's Diary　　　　DATE：　／　／

1
今日のことを
先取り！
先にイメージ
することで
脳がその情報を
集めます

THEME お金のこと 例

昨日は疲れて甘いものが欲しくて、帰りにコンビニでスイーツ買って帰った。ついでにお弁当や飲み物も買っちゃって、自炊しようと思って食材かったのに罪悪感…。

THEME 後輩のこと 例

〇〇ちゃん、伝えたとおりに仕事がなかなかできなくて、ついイラっとしちゃった…。どう伝えたらいいかなあ？どこまで理解できてるかまずは確認してみよう。

2
昨日、実際に
あったことを記録。
「感想」を
書きましょう

THEME 今日のこと 例

今日は晴れてて気持ちよかったなー♡
お昼は公園でランチしちゃった。気分転換できてよかった！

THEME 昨日のこと 例

スタバが飲みたくて、でも店内が混雑してたからテイクアウト！「お店で飲まないといけない」を手放したらやりたいことができた♡

3
他の項目は
自由に
思いつくことを
整理しましょう！

THEME ブログのこと 例

書きたいのに書けなくてもどかしい！どうやったら書けるかな？考えてみよう！

THEME

4
項目が
浮かばないところは
斜線でOK！
もちろん、2枠に
またがってもOK

実際にわたしのオンラインサロンのメンバーさんたちに実践してもらったところ、「昨年買ったピアノ代が思わぬところから返ってきました！」「ずっと行きたかった美容院に行ったその日に、美容院代の現金を引き寄せました」「お金を使うことへの罪悪感がなくなりました」などなど、多くの効果が出ています。

ぜひ、あなたもトライしてみてくださいね。

友達アドバイス方式で1週間をフィードバック

1週間ノートを書いたら、ぜひそのノートを読み返してみてください。

わたしは毎週、月曜日の朝に「自分会議」の時間を取っていて、1週間分のノートや手帳を見返して自分とゆっくり向き合う時間を取っています。

わたしの場合は土日に講座や講演の依頼が入る場合が多いので月曜日にしていますが、みなさんの場合は土曜日か日曜日でもいいかもしれませんね。

振り返りの時間は、必ず朝にしてください。

なぜなら、わたしたちは、朝は理性的に、夜は感情的になるような仕組みになっているからです。わたしたちは比較的、朝はポジティブに物事を捉えやすく、冷静でいられますが、夜になるとネガティブになりがちで、イライラしたり、悲しくなったりしやすいですよね。それは、心理学的にそのような仕組みになっているからなのです。

わたしの友人には恋愛心理カウンセラーとして活躍されている人もいるのですが、彼女によるとクライアントさんからの相談が来るのは圧倒的に真夜中が多いのだそうです。そして朝、彼女が返信すると「なんで昨日の夜はあんなに不安になったんだろうと不思議に思います……」との声が返ってくることが多いのだとか。

なのでぜひ、振り返りは朝、行うようにしてみてくださいね。

振り返る際のポイントは、自分のノートではなく、誰か別の友達のノートを読んでいる感覚で読むこと。

あなたも、友達から相談されると冷静に答えられるのに、いざ自分のこととなると、悩んでどうしたらいいのかがわからなくなってしまった経験はありませんか？　わたしたちは人のことになると客観視がしやすく、冷静に物事を捉えやすいですよね。

だからこそ、ぜひイメージしてみてください。

あなたの友達があなたに相談を持ちかけ、自分のノートをあなたに見せているのだと。そしてあなたは、その友達にアドバイスするようにノートに書いてあることをフィードバックしてあげてください。

これをわたしは、「友達アドバイス方式」と呼んでいます。

友達にアドバイスをするように、1週間のノートを振り返ります。そうすると、日々、無意識で悩んだり、行動したりしていたことを認識できるようになっていくのです。

たとえば、「会社で怒られたり、何か失敗をしたり、仕事量が多くてストレスが溜まっているときに共通してコンビニスイーツに頼っているな～」「ああ、わたしってこういうときにお金を使うと幸せを感じてて、こういうときだとネガティブを感じてるんだな～」「同じコンビニでの買い物でも、つい買っているのと目的を持って買っているのとでは幸せの感じ方が違うな～」などなど、今までは「無」で過ぎ去っていっていたものをノートに書いて、振り返ることで認識することができますよね。

そうすると、無意識のうちに自分が味わっていた感情や感覚までもが明確になり、自分の心で感じていることに敏感になっていきます。こうすることで、「無意識」を「認識」することができるようになるのです。

どんな感情も心の栄養にするノートの書き方

左側のマスを埋めることに慣れてきたら、次のステップは「その際に味わっている感情や感覚を知ること」です。すでに第1章でもお話ししたとおり、女性は特に、このステップが重要です。

それは、どんな感情であっても、すべては「心の栄養」だからです。

わたしたちはついつい、ポジティブなものだけを味わいたがって、ネガティブなものに蓋《ふた》をしてしまいがちですよね。

それは、「ポジティブな感情＝いいもの」「ネガティブな感情＝悪いもの」というフィルターがあるからではないでしょうか。

ですが、脳の認識としては違います。

ポジティブやネガティブというのはわたしたちが勝手にカテゴライズしているだけで、実はどっちも、わたしたちにとっては「心の栄養」となるのです。

ネガティブな感情とは、食べ物で言うとケールとかゴーヤのようなイメージと言うとわかりやすいでしょうか。ケールやゴーヤは苦くて食べづらいですが、実は栄養価が高くて積極的に食べた方がいいとはよく言われていますよね。

逆に、甘くておいしいからと言ってケーキやチョコばかり食べていたら栄養バランスが悪くなってしまいますし、本来、摂取すべき必須栄養素がとれなくて体を壊してしまったりもします。

ネガティブな感情を無視するというのは、まさにこんな感じです。

しかも人は、ネガティブな方を、より、感じやすいようにできています。さらに言えば、ネガティブな感情は無視すればするほど、より一層、RASはそちらにフォーカスさせやすくなってしまうのです。

だからこそ大切なのが、「その際に味わっている感情や感覚を知ること」です。なぜならそこには、「本当の自分」が感じている本音が隠れているから。

ノートは誰にも見られませんし、見せる必要もありません。なのでぜひ、想いのままに、本音をぶちまけてみてください。

「また給料日前にお金がなくなっちゃった……。なんでいつもこうなるんだろう。あと数日、残りの金額でやりくりするのしんどい！」
「んもー！　なんであの子は言われないと動けないんだろう？　言われたことだけやってても仕事とは言えないのに！　言われなくても気づいて動くのが社会人でしょ⁉」
「『好きなことで稼ごう』なんて言われても、何が好きなのか、やりたいことなのかわからないよ……。好きなことがある人がうらやましい。どうやったら見つけられるのかなあ……」

といった具合に、まずは「感じていること」を、「そのまま」吐き出します。そして次に、「なんでそう感じるの？」と聞いてみてください。そうすると、自分がなぜ、そのネガティブを抱えたのかが見えてくるようになります。

自分のネガティブスイッチがわかるようになるので、それが見えれば、もう、同じ過ちを繰り返さなくなります。

たとえば、このように進めていくのがオススメです。

また給料日前にお金がなくなっちゃった……。なんでいつもこうなるんだろう。あと数日、残りの金額でやりくりするのしんどい！

なんでそう感じるの？

本当は買いたいときに買いたいものを買いたいし、欲しいときに買えないとひもじい感じがする……

そっか～ひもじいのか。それってどんな感じ？

なんか満たされない感じ。何かが欠乏しているような感覚になる

何が満たされないんだろうね？

欠乏してるのは、何が欠乏してるって感じるの？

ん～……、心かな？　なんだか心が寂しい感じになる

なるほど。じゃあつまり、
お金で何かを買うことで心を満たしてたってこと？

確かに、そうかも。
満たされてないときに買い物して、満たされた気になってたかも！
そうか、だからいつもお給料日前にお金がなくなっちゃってたのか！
てことは、お金以外で自分を満たせれば
お金を使わなくてもすむのかも……。
どうせ今使えるお金もないし、お給料日までそれでやってみよう

このように「友達アドバイス方式」で、誰か友達のノートにアドバイスするように質問していくと、意外とすんなりと解決の糸口が見えてきますし、心もすっきりします。

このように、９つのセルを書いた右側のブランクページ（Ｐ86）は、左側のセ

ルの中で何か気になることがあったり、もう少し咀嚼したいな、と感じるものがあれば、それをピックアップして右側で深めていきます。

これが、「感情を味わう」ということです。感情は、実際に文字で書くことによって、初めて味わうことができます。

「味わう」というのは、ただ「知る」こととも少し違って、自分の感情をじっくり認識して、かみしめるイメージです。じっくり見つめるというとわかりやすいでしょうか。

文章で読むより体験していただくのが一番理解できるかと思いますので、ぜひやってみていただけたら嬉しいです。きっと、書くだけで心臓のあたりがふわーっと温かくなるのを体験していただけるかと思います。

自然と涙が溢《あふ》れてくることもありますので、ぜひその際はたっぷり泣いてくださいね。それは、「本当の自分」が、あなたに本音の声を聞いてもらえて喜んでいる涙です。

こうすることで女性性が高まり、どんどんと、自分の軸も明確になっていきますよ。

理想の世界は「本当の自分」が知っている

感情を味わうことができたら、ぜひ最後に、「本当はどうしたい？」と自分に聞いてみましょう。これが、『本当はこうしたい』と思う本音に合わせて変えること」のプロセスです。

何を変えるのか？　それは、日々の選択です。

わたしたちは日々、選択を繰り返して生きています。朝起きる・起きないから始まり、会社に行く・行かない、お昼を食べる・食べないなど、意識的にも無意識的にも「選択」の積み重ねが人生となっています。

これまでの選択の繰り返しで、今のわたしたちの現実があります。もしそれが満足できないのであれば、選択を変えるしかありません。

ぜひ、これからは「本当の自分」に聞いて選択するようにしてみてください。

感情をぶわーっと吐き出したあとに「本当はどうしたい？」と、自分に聞いてみると、「それまでは自分のやりたいことも、夢も理想もわからない……」と嘆いていた方でも、「本当に不思議なんですが、どんどんやりたいことや、叶えたい理想が溢れてくるんです！」と、目を輝かせて教えてくれます。

うちの講師の1人に、元CAのよーこさんがいます。CAさんって一般的には憧れの職業ですし、誰にでもなれる仕事ではないですよね。なのでわたしは、彼女に初めて会ったとき単純に、「すごいな〜！」と、思っていました。

ですが、実は彼女、ちょうどそのとき、「何かが違う……」と、モヤモヤが募る毎日だったのだそうです。

人と関わること、人の笑顔を見ること、人の役に立つことが子どもの頃から大好きだったよーこさんは、お母さまを飛行機に乗せていろんな所に連れていきたいという想いもあってＣＡを目指しました。難関と言われる狭き門をくぐり、見事、外資のエアラインに就職。世界中を飛び回る日々を送っていました。

最初はとても楽しく過ごしていたものの、結婚を境に徐々に違和感がわき始め、一度退職をします。ですがやはりＣＡの仕事が好きだと思い、またまた狭き門をくぐって再就職。それでも、違和感はぬぐえませんでした。

そんなとき、新型コロナウイルス感染症の大パニックが訪れ、彼女は大好きだったＣＡのお仕事ができなくなってしまいます。

「ＣＡの仕事は天職だと思っていたから、失うかもしれないと思うと頭がぐちゃぐちゃになりました」と、のちに教えてくれました。

そして、「9セルメソッド」と出会い、日々のことをノートにつづるようになったのだそうです。

「本当はどうしたい？」。自分に問いかけるうち、最初は書くことができずにマスが埋まらなかったノートも、少しずつ少しずつ、「本当の自分」がおしゃべりになっていきました。

そうして、気づいた、違和感の正体。彼女は「家族をもっと大切にしたい」という本音を満たせていなかったのでした。

彼女がCAのお仕事を選んでいたのは「人と関わることが好き」「人の笑顔を見ることが好き」だったからです。そのことにも気づいたよーこさんは、「わたしの好きと本音を満たしてくれる仕事をしたい!」と強く感じ、CAのお仕事をあっさりと退職。

そして今ではうちの人気講師として、日々、人と関わり、人の笑顔を見ることを満喫しながら、大切なご家族との時間もたっぷり味わっています。

もしあなたが、今、「何か違う気がする……」と、モヤモヤしているのであれば、ぜひ、できれば1カ月、難しければ1週間でいいので、ノートに日々のことをつづってみてください。

お仕事のこと、家族のこと、大事にしたいもの、どんな時間がワクワクするのか……、書き出すことで、脳の神経が活性化し、潜在意識に隠れていた本音を引き出してくれますよ。

「本当の自分の声」を聞くと驚くほどうまくいく

多くの大富豪たちに会わせていただいて共通していたのが、「こっちの方が儲かりそう」「こうした方が周りから認められそう」「こっちを選べば恥ずかしい思いをしなさそう」のように、脳で考えて選択する人が1人もいないということでした。

わたし自身、悩んだり、壁にぶつかったりするときはいつも、周りの目を気にしたり、損得を気にして脳で考えてばかりいたときでした。

そういうときに西の大富豪に相談するといつも「お前はどうしたいんや?」と、答えではなく、わたしの心への質問が返ってきました。そう、お金持ちであればあるほど、脳と心を一致させることの大切さをよく知っているのです。

そうして、心の答えに従うと、驚くほどするりとうまくいきます。

継続講座の卒業生、Rさんのエピソードをご紹介しますね。

「自分の好きなことを仕事にして稼げるようになりたい！」と思ったRさんは、ビジネスのことを学ぶためにマーケティングの講座に通い始めました。

そこでの学びを進めるうちに、乳幼児の育児をしているママに向けて発信をしたいと思っていた彼女は、「ママは21、22時頃SNSを見る」という情報を手に入れました。

そして、「よし！　21時に発信するぞ！」と、意気込んだはいいものの、実際にはまだ1歳の娘さんの育児で一番忙しい時間。毎日バタバタとお風呂に入れ、寝かし付けをしながら、「ああ、21時過ぎちゃう〜！」と焦る日々。しだいに、発信ができなくて苦しくなってしまったと教えてくれました。

彼女からの相談が来た際、西の大富豪がわたしにそうしてくれたように、「どうしたらいいと思う？」「どうしたい？」と、繰り返し問いかけました。

するると、何度かやり取りを繰り返した数日後、彼女からこんなメッセージが届きました。

「ママに向けて提供するサービスについて考えていたら、ママたちが本当に幸せであってほしいな〜となんだか涙が出てきました。

わたしがそうだったように、なんとなく就職、結婚、出産して、どこかでずっとモヤモヤしているママが、バタバタの毎日でも豊かさを感じられて、変わりたい気持ちに素直になって、本当に望む世界に一歩踏み出せるようなお手伝いがしたいな〜と改めて感じました。

幸せになる方法はたくさんあるけど、『わたし』がママたちを幸せにしようと思うんだったら、わたしを知って『いいな』と思ってもらう必要があるし、そのためにママたちにとって有益なものを提供する必要があるだろうなと思いました。

発信って、集客するためにとりあえずするものじゃなくて、『ママたちに知ってもらう』ためにあるんですよね！

なので、『21時に読んでもらうために21時に発信！』ではなく、『21時に間に合えばいい』ってことにしました。18時頃、娘のごはんの時間で一瞬ホッとできるので、昼間準備してその時間にササっと投稿することにします！」

そして彼女は毎日の発信を楽しむことができ、集客も難なくうまくいくようになりました。大好きな手帳やノートの発信をし、ママたちのライフスタイルを豊かにするお手伝いができることが本当に幸せだと笑顔で語ってくれています。

心の答え。それは、「本当の自分」の答えです。自分自身の、素直な心の声。それに従って行動すると、ワクワク感が溢れてきます。だからこそ結果も出やすくなり、そうするともっと行動したくなる。ワクワク感からの行動はいい情報も集まりやすいため、どんどんプラスのサイクルがめぐってくるのです。

あなたは、本当はどうしたいですか？

脳内GPSのスイッチが入りやすい「理想の世界」の設定法

本当はどうしたい？　そう聞くと、感情を吐き出したあとの心はとたんにおしゃべりになります。

「ハワイに1週間行ってみたい！」「会社を辞めて毎日お気に入りのカフェでノマドワークしたい」「好きな時間に起きてたっぷり好きなことをしたい」「大好きなお洋服をたくさん買いたい」などなどなどなど……。

わたしは毎年、年末になると「夢の100リスト」という、人生でやりたいこと翌年やりたいことを100個ずつ書き出すワークをしているのですが、年々、その手が止まらなくなって困ります（笑）。

オンラインサロンのメンバーさんの中には、長年講座やセミナーに通ってくださっている方々も多いのですが、みなさん口をそろえておっしゃるのが、「最初は全然書けなかったけど、年々夢が増えていって書く欄が足りなくなる！」ということ。

最初のうちは書こうとしても脳で否定するクセがついてしまっているので、なかなか筆が進まないのですよね。だからこそ大切なのが、日々、感情を聞くということ。

そうすると、「理想の世界」もどんどんイメージできるようになります。


よく、自己啓発書などを読むと「理想を書き出そう！」「目標を決めよう！」などと書いてあることが多いですよね。それはなぜかというと、何度もお伝えしているとおり、わたしたちには脳内GPSが備わっているからです。

脳内GPSはスマホのマップアプリと同じ性質を持っています。マップアプリを使う際、わたしたちはまず目的地を入力しますよね。それと同じように、まずは「目的地」としての「理想の世界」を設定する必要があるのですね。

「理想の世界」を設定するコツは、「明確に描くこと」です。こちらも前著に詳しく書かせていただいたのですが、わたしたちの脳はざっくりとしたイメージだとGPSが働きにくいつくりになっています。

たとえば、あなたが「夜景の見える素敵なお店でデートしたいなあ♡」と彼氏に言ったとします。そして彼はあなたを喜ばせようと「夜景の見える素敵なお店」に連れていってくれました。だけど、思っていたのと何かが違う……。そう、そこは、「夜景の見える素敵なカレー屋さん」だったのです。

だけど本当は、あなたが連れていってほしかったのが「夜景の見える素敵なフレンチレストラン」だったら、そのように伝えないといけませんよね。

このような感じで、ざっくりとしたイメージでも理想に近づくことはできますが、やはり、GPSを正常に作動させるには明確にイメージすることがオススメです。

「こうなったら最高♡」を、カテゴリーで設定する

「理想の世界」と言うと、なんだか壮大なことのように聞こえてしまいますよね。

わたしたちの「世界」というのはつまり、わたしたちが見ている「現実」のことです。ここでは、「理想の世界」はどんなものなのかを考えてみましょう。

そのためにオススメなのが、「理想のライフスタイル」をイメージするということ。

マインドマップを変形させた手法が書きやすくオススメなのでやり方をご紹介しますね。

まず、A5、A4ほどの大きさのノートを開いてください。ページの真ん中に自分の名前を書き、名前を丸で囲んだら、名前を中心に6等分の線を放射線状に引きます。

次に、それぞれの枠の外側に「仕事・キャリア」「家族・パートナー」「美容・

健康」「お金」「人間関係」「ライフスタイル」の6つのカテゴリータイトルを書いていきます。これでフォーマットは完成です。

いきなり真っ白なページに「理想のライフスタイルを設定しよう！」と言われると難しいですが、このようにカテゴリーに分けると案外カンタンに書き出せるようになります。

わたしたちのライフスタイルは、何か1つに偏っているわけではないですよね。この6つ以外のカテゴリーもあるかもしれませんが、仕事だけでなく、家族やパートナーとの関係や、自分の趣味、休日にはどのように過ごしたいのかなどを意識していくと、脳と心のバランスが整いやすくなります。

それぞれのカテゴリーにはめいっぱいの妄想を「本当にこうなったら最高！♡」と、ワクワクしながら書き込んでいってください。

たとえば、このように書いていきます。

仕事・キャリア

フリーランスになる！　Webデザイン1本で仕事をしたい♡　毎日好きなデザインを好きなカフェでノマドワーク。デザインの仕事が本当に大好きだから、いくらやっても苦にならない！

家族・パートナー

最高のパートナーと入籍！　お互いが親友みたいな関係で、わたしらしくいられてすごく心地いい。両親とは年末年始とお盆以外に、自分の誕生日と、両親の誕生日を一緒にお祝いするようになってなんだか家族仲が良くなった♡　わたしの誕生日には一緒に旅行に行くのを楽しみにしてくれて嬉しい。

美容・健康

週に1回のエステと、ヨガに通って心と体が軽くなった！　痩せたし、ずっと悩んでいたニキビが嘘みたいになくなって、お肌をほめられるようになった♡　ヨガの影響で食べるものにも気を使うようになり、風邪をひかなくなった。

お金

月収35万円になった♡　お買い物も旅行も我慢することなくできるようになって嬉しい！
好きなことをやってお金をいただけるってこんなに幸せなことなんだって実感。ストレス消費がなくなって、本当に欲しいものだけに使えるようになったのも嬉しい〜！

人間関係

お互いに感謝しあえる人とだけ関わることができてとっても心地がいい。クライアントさんはみんな優しくて、わたしのデザインもすっごく喜んでくれる。納品したときの笑顔が本当に嬉しいな。

ライフスタイル

都心に出やすい所に住んでノマドワークが楽しい。仕事はお昼過ぎで終えて、午後は打ち合わせの日もあれば、美容や友達との時間になる日もある。休日を平日に設定したからどこに行くにも空いてて最高♡　旅行にも行けるようになってデザインの幅も広がった！

ぜひ、各項目をすでに叶っているかのように書いてみてください。

実は、脳というのは妄想と現実を区別できません。また、時制も区別できないため、わたしたちが今、想像していることがいつの出来事であっても、「今」、この瞬間、わたしたちが見ている現実なのだと認識してしまうのです。

脳の仕組み上、想像してイメージしているときに活性化する部分と、実際に目で見て認識する際に活性化する部分が同じ部分であるということがわかっています。

そのため、未来の叶っていないことをすでに叶っているかのように書くと、脳が違和感を覚えます。イメージしていたことと、見えている現実とのギャップに「何かが違う」と感じるのです。そして、イメージに合わせるために情報を集めてくれるようになります。

この仕組み、とってもすごいですよね！　この仕組みを活用すると、「理想の世界」へカンタンに進みやすくなるので、ぜひやってみてくださいね。

心がシャットアウトしない、「理想の世界」への進み方

私は日々、ブログやSNS、講座などで理想の叶え方をお伝えしていますが、「『理想の世界』を設定すると、本当に叶えられるのかわからなくて急に不安になるんです……」という声もよく耳にします。

実は、「理想の世界」の設定は、ただやみくもにすればいいというわけではないのです。

わたしたちの脳は基本的に新しいことが嫌いです。

今までとは違う世界（理想の世界）を描き、そこへ行こうとすると不安や恐怖が

わいてくるのは、脳によってストッパーが作動しているからなのです。

脳は、過去経験したことがあるものを良しとし、経験したことがないものは危険なものと認識しています。

そのため、「理想の世界」を設定する際には2ステップに分けて書くと叶いやすくなります。

STEP 1 本当の自分が「欲しい！」と心から願うものを書く

書いた時点で叶え方がわからなかったり、もしすぐ叶えるとなると脳が「無理だよ」って否定しそうになるものをどんどん書いていきます。

書きながらワクワクしたり、うきうきしたりすれば正解。

「これ、叶っちゃったら本当に嬉しい〜！♡♡」と笑顔がこぼれるような願いを金額とともに書いていきましょう。


「いつぐらいまでに叶ったらいいなあ」と希望があるものは期限も書き込みます。

STEP 2 それを具体化し、期限をつける

STEP 1 の中から、直近で叶えたいものや、細分化していくと叶えられそうなものを期限付きで金額とともに書いていきます。

脳はより具体的なイメージに対して情報を集めていくため、具体的であればあるほど叶いやすくなります。

たとえば、このように書くのがおすすめです。

STEP 1 大好きな手帳講師の仕事で月収300万円欲しい♡
（2022年12月（来年末）までだと嬉しい！）

STEP 2 2021年6月までに手帳講師の仕事で月収30万円を安定させる

STEP 1 都内の窓から海が見えるタワーマンション（3LDK）に素敵なパートナーと住みたい♡
（家賃50万円くらい・2023年（再来年）くらいまでに住めたらいいなあ♡）

STEP 2 2021年12月までに彼氏をつくる

（デート代1回5000円くらい・美容代月2万円くらい）

2021年10月までにまずは1人暮らしで

海が見えるマンションの1Kに引っ越しをする（家賃10万円くらい）

わたしは「夢リストノート」というものをつくっていて、SNSやテレビ・雑誌を見る中で「これいいなあ～！　叶えたいな♡」と思ったら即座に書き込むようにしています。時間がある際には写真を探して貼《は》ったり、旅行なら予算を調べたりもします。

そして毎年、年末年始のお休みには手帳に「今年叶えたい夢リスト」として、期限と金額を具体化して書き込んでいます。

具体的に、「〇〇円」「〇年〇月までに」と書き込むことで、脳にしっかりインプットすることができます。

そうすると、脳内GPSが作動し、それらを叶えるための情報をどんどん集めてくれるようになるのです。

この2ステップは本当に強力で、実践した人の中には「書いただけで忘れてたのに今年26個も叶ってた！」「叶ったらいいなあくらいで書いていたのに、本当にその金額が入ってきた！」と、効果は実証済み。

もちろん書いたものは何度も見返して思い返した方がより脳にインプットされるため叶いやすくなりますが、わたし自身、書いて忘れていても叶った！という経験が何度もありますので、ぜひやってみてくださいね。

Baby Stepで 赤ちゃんのように進んでいこう！

脳は具体的でないと理解ができない。

だからこそ、叶えたい理想を決めたら次にやることは、どんどんどんどん、行動レベルに細分化していくことです。

ポイントは、「これならできる！」と苦もなく思えるくらいに小さな行動にまで分けていくこと。
これをわたしは、Baby Step（ベイビーステップ）と呼んでいます。Babyは赤ちゃん、Stepは一歩、その名のとおり、「赤ちゃんの一歩」です。赤ちゃんでもできるくらいカンタンな一歩にするのが、サクサク進んでいくコツとなります。
たとえば、このようにしていきます。

STEP 1 大好きな手帳講師の仕事で月収300万円欲しい♡
（2022年12月（来年末）までだと嬉しい！）

STEP 2 2021年6月までに手帳講師の仕事で月収30万円を安定させる
そのために何をする？
・SNSで手帳の使い方・目標達成の仕方などのメソッドを発信する
・コンテンツを充実させる
・ブログでノウハウを発信していく

・サービスがわかるページをつくる　……etc

このように、行動リストの書き出しまでは誰でもしたことがあるかと思います。

Baby Stepでは、ここからさらにもう一歩、細分化していきます。

そのための一歩は？

・毎日SNS用の写真を撮る

・コンテンツづくりを学ぶために講座を探す

・ブログにログインする

・新規記事に「サービス一覧」とタイトルをつける

SNSで発信をしたことがなければ、脳は何をしたらいいのかがわかりませんし、ブログを書いたことがなければ、同じく脳には理解ができません。

わたしは、SNSやブログで起業をしたいと相談を受けることが多いのですが、

「発信」で挫折《ざせつ》する方はとても多いです。ですが、こうして脳が理解できる形でto doを設定してあげると、最初の一歩をすんなりと踏み出すことができるようになります。

大切なのは、脳に何をすればいいのかを「具体的に」教えてあげること。

もちろん、SNSやブログでの発信だけではないかと思いますが、たとえば「英語の勉強をする」でも、「○○の教材を1ページ開く」のように、具体的に何をすればいいのか、その第一歩まで明確にします。

そうすることによって、その一歩は自然と二歩目、三歩目へと、わたしたちを進ませてくれます。ぜひ、やってみてくださいね。

第4章

ネガティブを味方につける「ノートの書き方」

ネガティブなままでいい！ネガティブなまま成功する方法

あなたは、ポジティブ思考ですか？　そう質問されて、すぐさま「はい！」と肯定できる方は少ないのではないでしょうか。わたし自身、根っからのポジティブ思考に見られがちですが、実はもともとはとってもネガティブでした。

わたしたちは、ネガティブ思考よりもポジティブ思考である方が成功しやすいと思っていますよね。わたし自身、「わたしはネガティブだから成功するのは難しいんだ……」なんて、思っていた時期もあります。

ですが、実はネガティブ思考の人の方が成功しやすいのではないか、という研究結果も出ているほど、その理論には根拠がないということがわかっています。

大切なのは「ネガティブをどう使うか」ということです。

ネガティブ思考というのは、使い方によってはあなたをずっと貧乏ワールドに留《とど》めておくこともできるし、「お金持ちワールド」へ進むガソリンとなってくれることもあるものなのです。

実は、不安や緊張、悲しみ、怒り、恐怖などのネガティブな感情は、抑えようとすればするほど、増幅し、わたしたちの行動力を抑制してしまうということがわかっています。

わたしたちは、感情をコントロールすることはできません。たとえば、目の前に大嫌いな人がいる場合、その人を1分で好きになれと言われても無理がありますよね。

それなのに、思考でコントロールして、嫌いな人にも愛想笑いをしたり、その人をほめるようなことを言ったりする。そんなことを続けていると、脳と心で不一致が起こり、大きなストレスがかかってしまいます。

オリンピックで金メダルを4個取った、北島康介選手のエピソードを紹介します。

2004年アテネ五輪で金メダルを取ったあと、2008年の北京五輪でも金メダルを取った北島選手。その際、レース直後のインタビューで彼は「何も言えねえ」と一言だけ漏らし、ボロボロと涙を流されたのが印象に残っている方も多いですよね。

一度金メダルを取っていて、日本のトップ選手で、大勢の人からの期待を背負っていた彼は、責任感やプレッシャーがすごくのしかかってきていたそうです。

試合前にとある記者が彼にインタビューした際、「その快挙を成し遂げるためには、何が必要なのか？」と質問したそうなのですが、その際、少し考えたあと「リラックスかな……」と答えたのだと聞きました。

実はその頃、北島選手は「金メダルを取る！　取らなければ！」という強い思いから、知らず知らずのうちに焦り、不安と緊張を抱えていて、思うような結果が残せていなかったのだそうです。

ですが、北島選手のコーチがあるとき、「康介もつらいだろうけど、俺もつらいんだぞ」と一言ぽろっと言ったことで、その不安や緊張をすっと受け入れることができ、そのおかげで逆にリラックスすることができるようになり、あのメダルへと繋がることとなりました。

わたしたちは多くの場合、緊張や不安などネガティブな感情は悪いものと捉えて、手放してしまおうとします。しかも、ネガティブな感情に飲まれて、「こんなこと感じちゃいけない」と、自己否定をしてしまったりもするものですよね。

そうではなく、大切なのは、ネガティブな感情を受け入れた状態で行動に移していくこと。そうすると、むしろうまくいくことが多くなることに気づけるかと思います。

また、それを繰り返して成功体験を積み重ねていくと、「ネガティブな感情は悪いものだ」というフィルターもなくなり、その結果、ネガティブな自分を受け入れられ、常に自己肯定感を持てるようにもなるのです。

「感情デトックス」で
ネガティブな感情をガソリンに変える

では、ネガティブな感情がわき上がってきたらどうすればいいのでしょうか？

「脳と心の不一致がストレスになる」とはいえ、仕事上の人間関係などで嫌いな人がいるからといって、無視したり、嫌な態度を取ることはできませんよね。

そこでとってもオススメなのが、ネガティブな感情がわき上がってきたら、そのままノートに殴り書きで吐き出すことです。

これは、エクスプレッシブライティング（筆記開示）という心理学の手法なのですが、わたしは「感情デトックス」と呼んでいます。

思ったことを書くだけという、とってもシンプルなやり方で、いつでもどこでもできるのでとてもオススメです。しかも、書くだけなのに認知行動療法でもよく使われているほど高い効果を期待されている手法なのです。

わたしはアイディアをメモしたり、人との会話を記録しておくためにＡ６サイズの小さなノートを同じサイズの手帳に挟んで持ち歩いているのですが、そのノートは時に、「感情デトックスノート」へと変化することもあります。

前章で触れたとおり、スマホやPCなどで書くよりも紙とペンで書いた方が効果は高いのですが、もし難しければスマホのメモ機能にぶわーっと吐き出すのでも大丈夫です。本人にメールで感情をぶつけるかのように、思う存分吐き出してください。

スマホやPCも、データが多くなっていくと動作が悪くなりますよね。だけど、クラウドに保存するなどして容量を軽くすれば、その動きも軽くなります。

人間の脳の仕組みは本当にコンピューターに似ていて、感情を溜めておくとずっとモンモンとして動きが鈍くなりますが、吐き出すことですっきりとして、サクッとポジティブに切り替えることができるようになるのです。

この感情デトックス、とっても効果が高いのでぜひ試してみてほしいのですが、心理学的には次の5つのメリットがあります。

メリット1　気持ちが整理できる

人に話しているだけで気持ちが整理できて、なんだかすっきりした！と感じたことのある人は多いのではないでしょうか。

感じていることをノートに吐き出すことでこれと同じ効果を得ることができるので、ごちゃごちゃしている頭の中を整理し、気持ちを落ち着けることができます。

メリット2　自分を客観視できる

客観視が苦手、という女性は多いですよね。これもわたしたち女性の脳の特徴なのですが、自分を客観的に見ることができるようになると、物事を冷静に判断することができるようになります。

メリット3　チャレンジ力が上がる

「お金持ちワールド」へ向かうとなると、今までとは違う選択、違う行動を取らなければならないため、時には自分にとってチャレンジとなることにも挑戦していくことになります。心理学的にはこれを「レジリエンスの向上」と言いますが、感情デトックスにはチャレンジ力の向上効果もあるのです。

メリット4　ストレスが軽くなる

一度やってみると体感できるのですが、感情を紙に書いてデトックスすると驚くほどストレス解消になります。

わたしたちの心をモンモンとさせる原因は、この、「モンモン」が明確でないことにあります。得体のしれないモンモンとした感情を言葉にすることで、自分が何に不安になっているのか、イライラしたり、モヤモヤしているのかなどが明確になるため、心がすっと軽くなるのです。

さらに客観視できるようになると、新たなストレスを減らす効果もありますよ。

メリット5　感情のコントロールがしやすくなる

「嫌いな人への怒りを抑えることができない」「過去の悲しさや悔しさをずっと引きずってしまう」「怒りが溢れると相手に仕返ししたくなる」。時々、そのような相談を受けることがあります。

ネガティブな感情のまま、相手に仕返しをしたり、怒りをぶつけたって、ネガティブが返ってくるだけですよね。そうすると、ますます自分の中のネガティブが増幅して、より怒りをぶつけたくなってしまいます。

そんなことを繰り返していても、一向に「お金持ちワールド」へは行けません。「金持ち喧嘩《けんか》せず」ということわざがあるとおり、お金持ちの方たちは総じて感情の起伏が少なく、コントロールが上手です。

「感情デトックス」を続けていくと、自分の感情をコントロールすることができるようになり、驚くほど穏やかに日々を過ごせるようになりますよ。

「感情デトックス」には本当に大きなメリットがあるので、ぜひ、習慣づけしていただきたいです。ある実験では1日8～20分間、ノートに書き続けることを5週間続けると、記憶力まで向上し、頭が良くなったという結果も出ています。

ポイントは、ネガティブな感情も、ポジティブな感情も、日々、記録すること。

ネガティブな感情がわき上がってきた瞬間はもちろん、「今日は1日いいことだらけだったな～♡」という日も、ノートに感情を書いておくことがオススメです。ぜひ、やってみてくださいね。

ネガティブを味方につけて「お金持ちワールド」へ行く未来設定法

前章で「『お金持ちワールド』への未来を設定しよう」とお話ししましたが、実はこれにも、ネガティブを活用することでさらにサクッと「お金持ちワールド」

へと進んでいくことができます。

わたしたちは「理想の世界」を設定して進んでいこうとすると、その設定したイメージにワクワクし、ついつい楽観視してしまう仕組みになっています。

ですが、実際に理想に向かって進む際には、いろんな障害がつきものですよね。

たとえば、起業しようとして、サービスを開始してもお申し込みがないかもしれないですし、「そんなこと無理だ」などと周りの反対に遭うかもしれない。

こんなふうに、あらかじめ起こるかもしれない障害をイメージしておくと、願いを叶える達成率が飛躍的に上がることがわかっています（ちなみにこれを、正式名称では「WOOP（ウープ）の法則」と言います）。

ポジティブ思考だけの人は、行動力の速さは素晴らしいのですが、その方法の欠点などを考えずに進むため、実は失敗も多かったりします。

ですが、ネガティブ思考を持っている人は「ここで失敗するかもしれない」「もしかしたらこれにもデメリットがあるかも」などと慎重に考えるため、実際にネガティブなことが起こった際にも対処をしやすいのですね。

けれど、ただネガティブ思考のままで動かずにいたら、人生は一向に「お金持ちワールド」へと進むことはできません。

なのでわたしのオススメは、「石橋を叩きながら渡る」ことです。

石橋を叩かず渡ったら途中で崩れてしまうかもしれない。けれど、叩いているだけで渡らずにいたら向こう岸には行けません。もしその石橋の向こう側が「お金持ちワールド」なのだとしたら、すごくもったいないですよね。

わたし自身は、「石橋を叩かずに渡るタイプ」と見られがちなのですが、実は石橋はしっかり叩くタイプです（笑）。

けれど、だからこそ、失敗や障害など、何かネガティブなことが起きたとしてもサクッと対処することができ、結果的に理想を叶えるスピードが速くなっているんだな～と感じています。

石橋をしっかり叩いて進んでいく、障害予測立案法

それでは、活用の方法をご説明します。

ポイントは、「理想の世界」を設定したら、「そこに進む途中で起こるかもしれないネガティブなこと」をあらかじめ書き出しておくこと。

つまり、あらかじめ起こりそうな障害を「自分はどんなことがあったら諦めてしまうかな？」と予測し、その対処法をあらかじめ計画しておきます。

たとえば……、

SNSでの発信を家族に見られて、否定されたらすっごく凹んじゃうかも……

→もし、そうなったら家族に堂々と自分の夢を語って、応援してほしいと言ってみる

やりたいことが見つからない状態が続くと、焦ってしまうかも……

「やってみたいことリスト」をつくっておいて、
1つに固執しないで試していく

発信してもフォロワーが増えなかったら苦しくなるかも……

そうならないために、たとえフォロワーが増えなくても
楽しく発信できる内容を届けていく

サービスが売れなかったらやる気をなくすかも……

サービスを売るための方法をいくつか考えておいて、
売れなかったら1つずつ試していく

このように、「もし、こんな状況が起きたらこういう行動を取ろう」と、あら

かじめ考えておくことでネガティブな状況もさらりと乗り越えることができ、人から見たら障害と見えることでさえ、頑張ることなく進んでいくことができるのでとてもオススメです。

うちの人気講師の1人であるあおちゃんも、このメソッドを活用してどんどんと夢を叶えられるようになったと教えてくれました。

あおちゃんは講師たちの中でも率先して企画に参加したり、イベントを開催するなど、メンバーからも生徒さんたちからも「行動力がある!」と見られる方ですが、実はもともとはとっても慎重派で、親御さんからも「あんたは石橋を叩いて叩いて叩き壊して渡れないタイプ」と言われていたほどだったのだそう。

初めてするようなことは、「失敗するかも……。笑われたら嫌だな……」と、ネガティブなイメージばかり浮かぶため、新しいことを始めるということは、イコール、不安な気持ちになることというフィルターがあったのだそうです。

与えられた仕事も自信を持って取り組むことができずに落ち込むことが多く、

「こんなダメな自分にどんどん仕事を任せてくるなんて！」と、自分を信用して仕事を任せてくれた人にまで、腹立たしい気持ちを抱えるほどだったのだと話してくれました。

ですが、このネガティブを逆に活用し、あらかじめ起こるかもしれない障害を考えておくことを実践していったら、みるみるうちに行動力が上がっていったのだそうです。

すごく気持ちがフラットになり、失敗への抵抗感が薄れていくことにも気づいたとのことで、「できないかもしれない。失敗するかも……」と思ったときでも「じゃあ、どうする？」と、行動する方に意識を向けられるようになり、「とりあえずやってみよう！」と軽やかに踏み出せるようになっていきました。

職場でも、仕事を任せてくれた相手に対し、「わたしに成長させるきっかけをくれたんだ。わたし自身はできないと思っていても、何かの意味があって今のわたしに任せようとしてくれているんだ」と、思えるようになり、腹立たしさまで感じていた相手に感謝が浮かぶほどにまで変化したそうです。

あらかじめネガティブを予測し、それを乗り越える術を準備しておく。そうすると、実際にネガティブなことが起こったり、不安な気持ちが表れたりした場合でも、「来た来た！　よし、これをやってみよう！」と、難なく超えていくことができます。

そして、そういったひとつひとつの経験が自信となり、それまでのネガティブなフィルターをポジティブに変化させてくれたり、「わたしって実はいろいろできる人だったんだ！」と、自分を信頼することもできるようになります。

お金持ちの人や、成功者と呼ばれる方々も、外から見るとどんどん行動をしていて「すごいなあ」と、自分とは別物のように感じることもあるかもしれませんが、実はこうしていくことによって、あなたも行動を重ねていくことはカンタンにできるようになるのです。

イヤ〜な現実を一瞬で変化させるノート術

講座の中でまず生徒さんたちにやっていただくことが、「現実を思っているままに書き出す」ことです。見えていることをそのままスキャンするイメージでノートに書き出してもらいます。

たとえば……、

・デブである
・会社勤めをしている
・人から嫌われやすい
・ブスである
・毎月お給料がかつかつで、お金がない
・クレジットカードの返済に追われている

・家賃7万円の1Kのアパートに住んでいる
・通勤に1時間かかる
・仕事は事務職をしている
・すぐにくよくよしてしまう
・何をやってもうまくいかない

こんなふうに、思い込みだとかそういうことは考えないで、自分が思っている現実をそのまま書き出していきます。

そして次にやってもらうことは、すべての項目に「それって本当？」と、問いかけてみること。自分と会話をするように、その項目は真実なのかを話し合っていきます。

そうすると、「あれ？　もしかしたら違うかも……」と思い込みに気づくことができます。

たとえばこんな感じです。

デブである

それって本当？

自分ではそう思ってるけど、周りからは「そんなことないよ」「普通だよ」と言われる

じゃあ、自分は本当にデブなのかな？
なんでデブって思うんだろう？

憧れのモデルさんと比べてるかも！　すごく素敵で、ああなりたいなって思ってるから、自分は彼女と比べてデブだって感じちゃうのかも……

じゃあ、わたしって本当にデブなの？

違う。比べてるだけで、別にきっとデブなわけじゃない。周りからデブって言われたことないし。BMIだって標準だ。

ここで、「デブな現実」から「普通の体形の現実」へと変わったことに気づきましたか？

このように、無意識の思い込みに気づくだけで、わたしたちは現実をどんどん変えていくことができます。

大切なのは、真実だと思っている現実を「疑う」こと。

疑うことで初めて、脳は見ている現実に疑問を持ち、本当の真実を見つけてくれるようになるのです。

あなたもぜひ、現実に苦しくなったら聞いてみてください。「それって本当？」と。

ネガティブを味方につけると成功しやすい理由

Ｐ128で「感情デトックス」についてお話ししましたが、ネガティブな感情やネガティブなフィルターほど、しっかり見つめれば見つめるほどそれを早く手放すことができるようになります。さらに、メンタルが鍛えられ、ポジティブになりやすくなるということが心理学の研究でわかっています。

たとえば、ある大学では、ネガティブなストレスを多く受けている50人の男女を対象に、ネガティブな事柄とそれに対する立ち直りの早さを比較した実験が行われました。

嫌なことがあったら普通、あまり考えることなく忘れてしまいたいですよね。けれど、その嫌なことをあとから何度も何度も思い返してしまって、さらに落ち込んでしまったり、苦しくなってしまった……という経験はありませんか？

この実験ではまさにこれを立証してくれました。1つのグループには嫌なことやストレスがあったことだけをヒアリングし、そのまま何もせずに過ごしてもらい、もう一方のグループにはそのネガティブな出来事を詳細に思い返してもらい、ノートに書き出してもらったのだそうです。

どんな嫌なことがあったのか、それはなぜ起きたのか、そのとき自分はどのように感じていたのか、人が関わっているのなら相手はどのようなことを言ってきたのか、そのときの自分の行動はどんなものだったのか、などなど、細かく細かく思い返して、ノートに書いてもらうというトレーニングを6週間続けたそうです。

その結果、ネガティブを詳しく思い返したグループとそうでないグループとでは、思い返したグループの方が立ち直りも早く、さらにはその後同じような状況になってもネガティブな感覚にならなかったり、物事をポジティブに捉えることができるようになったりと、メンタルの回復が圧倒的に早くなったのだそうです。

ネガティブな出来事や経験は、中途半端に思い返すと逆効果となってしまいますが、このように、しっかり見つめることで、わたしたちの心を鍛えてポジティブにしてくれ、さらにはそのネガティブをあっさりと手放すことができるようになるのです。

ネガティブは、わたしたちにとって最高の栄養。ポジティブなものと同等の、最高の感情です。

合言葉は、「ネガティブはお宝！」。ぜひ、ネガティブなことがあったら、「お宝探し」だと思って、ノートに書くようにしてみてくださいね。

さくさくネガティブを超えていくポジティブ筋トレ

こうして、ネガティブな気持ちになっても立ち直ったり、前に進んでいく力のことを「レジリエンス」と、心理学では言います。

跳ね返り、弾力、回復力、復元力という意味を持つ言葉ですが、最近では「さまざまな環境・状況に対しても適応し、生き延びる力」といった意味合いで使われることが多くなりました。わたしはこれを「ポジティブ筋トレ」と呼んでいます。

レジリエンスを高める、つまりポジティブ筋を鍛えることによって、ストレスに強くなるだけでなく、集中力やパフォーマンスが向上したり、問題解決能力が上がり、リスクへの対応能力も上がったりするということがわかっています。

さらには、コミュニケーション能力が増して人間関係が円滑になるなどのメリットもあり、今注目されつつある能力となっています。

レジリエンスが高ければ、たとえば社会がどんな情勢になっても「なんとかできる」と自分に対して思えるようになり、ネガティブな空気感やニュースにも飲み込まれなくなります。

自分を信じることができるので、自分が自分の最高の味方となり、いつでも応援してくれる存在となって背中を押してくれるようにもなります。

そのポジティブ筋トレをするにはノートを味方につけるのが一番！

そして、ノートに書き出してスッキリしたら、もう、「あーでもない、こーでもない」と悩むのは終わりにしましょう。

「ああ、わたしはこれが嫌だって感じたんだね」と、認められるだけでいいのです。その際、その出来事をポジティブに変換することができればそれはそれでいいのですが、もし何も浮かばなくても大丈夫。「あとはRASさん、よろしくー！」と、脳にお任せしてしまいましょう。

そうすると、自然とRASが情報を集めてくれて、気づいたときには解決していたりします。


お金持ちたちが幸せそうに見えるのは、こうしてネガティブなことさえも、味方につけてしまっているから。

ネガティブ思考が浮かんだり、嫌なことがあったら、感情に飲まれるのではなく、活用しちゃいましょう。

ネガティブを味方につけると楽～に「お金持ちワールド」へと進んでいけますよ。

第 5 章

気づいたら、「お金が増えちゃった♡」になる方法

「ワクワクするとお金が入ってくる」本当の理由

お金に関する自己啓発書や引き寄せ関連の本を読んでいると、よく目にするのが「お金はエネルギーだから、自分が発したエネルギーに反応する」といった内容ですよね。

さらには、「ワクワクのエネルギーを出すとお金が入ってくる」という内容もよく見かけます。

わたしは正直、初めてこれらの文を目にした際、実は全く理解ができませんでした（笑）。

「ワクワクしたらお金が入ってくるってどういうこと？」

「楽しいことやってても、お金なんて出ていく一方だし全然入ってこないじゃん」

冒頭でもお話ししましたが、特にプロミュージシャンを目指していて、大好きな音楽をやっていたわたしは、「大好きな音楽やってても、やればやるほどお金がなくなるんですけど……！」と、涙が出るほど悔しく思ったのを覚えています。

けれど今、自分でお金を稼げるようになってすごく思うのは、やっぱり、「ワクワクしているとお金が入ってきやすい」ということです。

起業をして、今年（２０２１年）で丸９年になります。過去を振り返ってみても、苦しんでいるときほどお金はなかなか入ってこず、楽しんでワクワクしているときほど、さらりとカンタンにお金が入ってきています。

数年前、このことをすごく不思議に感じて、「引き寄せの法則」や、「脳とお金の関係性」について改めて様々な文献を読み漁《あさ》りました。

そうしてわかったことは、やはり脳内ＧＰＳは本当に優秀だということでした。

人がワクワクしていたり、うきうきしていたりとポジティブな気分のとき、脳内ではやる気をみなぎらせてくれるドーパミン、幸せで満たされた感覚をもたらしてくれるエンドルフィンなどのポジティブなホルモンがたくさん分泌されます。

実は、脳というのは感情にとても左右されやすい部分で、そのときの感情に応じて、考える内容も変わっていきます。

つまり、思考（脳）は感情（心）に左右されるということです。何度も繰り返しになってしまいますが、やはり、大切なのは「内側の心」にフォーカスするということなのですね。

また脳は、わたしたちがイメージしたことを実現しようとする力があります。なので、たとえば会社でスピーチをする際、「失敗したらどうしよう……」と、ネガティブな感情を得ると、脳はそのイメージに捉われてしまいます。

ポイントとなるのは、「感情」です。

スピーチをする際にワクワクするのは難しいかもしれませんが、たとえば緊張感を楽しんだり、人前に立つ高揚感を前もって味わってみると、脳内ではワクワクと同じ部位が活性化し、あとからワクワク感がふつふつとわいてきたりします。

そうすると、体が自然にリラックスし、自分の想像を超えた最高のパフォーマンスをすることができるようになるのです。

もちろん、スピーチだけではありません。日々の生活の中でも、ワクワク感を味わっていると脳内GPSであるRASはポジティブスイッチをオンにし、その情報をどんどん集め始めます。

うちの講師の1人に、タカコさんという50代の女性がいます。彼女は平日は会社員をしながら週末だけ講師の活動をするという、いわゆる副業スタイルで講師をしています。

最初のうちは「わたしはみんなみたいに若くないし、きゃぴきゃぴした写真や投稿はできないなあ……。仕事が忙しくてじっくり投稿をつくってる暇もないし、どうしよう……」と、モヤモヤと過ごしていました。

レッスンの募集をしてもお申し込みは来ず、投稿をしてみてもフォロワーもいいねも増えない……。そんな、うまくいかない日々が続きます。

ですがあるとき、なんとなくツイッターを眺めていたところ、「地味手帳」というハッシュタグを発見します。気になって見てみると、そこには、書き込みも少なく、カラーペンも使っていない、モノクロのシンプルな手帳がありました。「これだ！」と思った彼女は、すぐさま投稿を作成し、それまで何カ月も更新できていなかったアカウントをサクッと動かしていけるようになりました。

その結果、フォロワー数が劇的に伸びたわけではないものの、レッスンのお申し込みが入ってくるようになり、レッスン当日には「昨日は残業で疲れて帰ってきたのに、朝パッと目が覚めてレッスンの準備をして、レッスンを開催したら楽しくて楽しくて、お昼を食べるのも忘れて今ＬＩＮＥしてます！　楽しいのでいくら行動しても疲れません！　平日とは大違い！（笑）」と、メッセージをくれるほど、エネルギー高く行動できるようになりました。

売り上げも順調に伸びていて、「これがワクワクするとお金が入ってくるってことなんですね！」と、とても楽しそうです。

このように、ワクワク感はわたしたちにポジティブな影響をたくさん与えてくれます。

特に行動力が加速しやすくなるので、日々の生活も楽しく、エネルギー高くすごせるようになり、仕事のパフォーマンスが向上しやすくなります。

また、すでにお話ししたとおり、ワクワク感を味わって感受力を高めていると、直観力も高まるため、無意識のうちにプラスの情報をインプットしやすくもなります。

さらにそれを、脳が無意識のまま行動に移してくれるので、もしあなたが「お金持ちワールド」の設定をすでにノートに書いているのであれば、GPSがオートドライブでわたしたちをそこへ連れていってくれるようになるのです。

正体不明の「引き寄せの法則」の正体は、やっぱり脳の仕組みにあったのですね。

気づいたら、「お金が増えちゃった♡」に必要な手放し

ワクワクすることの大切さ、おわかりいただけましたでしょうか。

わたしがミュージシャン時代、頑張っても頑張ってもうまくいかなかったのは、ここに原因がありました。そう、わたしは、「頑張って」いたんです。

音楽をしていたとき、実は、「楽しい～！」という感情よりも、「うまくいかせたい！　どうにかしたい！」という想いの方が強かったのです。

わたしは3歳からピアノをやっていて、13歳でトランペットを始めました。その後、21歳までずっとトランペットをやっていましたが、耳を痛めてしまい、プロの道を断念。

だからこそ、音楽に「固執」してしまっていました。

固執するということは、執着があるということです。人が執着するとき、それは「手に入れたい」という強い感情があるからですよね。

「手に入れたい」と思っているということは、脳では「手に入っていない」と思っているということ。

つまり、今ここに「ない」ものだと認識しているということです。

だからこそ、脳内GPSはどんどん「ない」を集めていきます。そうすると、もうわかりますよね。負のループです。

「ない」が集まってくるので、うまくいかないことばかりをやってしまいます。うまくいかないのでもっと執着してしまって、どんどん楽しくなくなっていく……。

わたしがミュージシャンとして成功できなかったのには、ここに原因がありました。

お金持ちの成功者たちは口をそろえて、「楽しむことが大事」とよく言いますよね。

それはもちろん、その方たちの経験から出た言葉ではありますが、実は脳の仕組みとしても正しかったのだとわかりました。

わたし自身、音楽に対する「執着」を手放してその本質に目を向けるようになったら、それまではなかなかうまくいかなかったことがみるみるうまくいくようになりました。

実は、わたしが音楽に執着していたのは、「わたしが成功するにはそれしかない」と思い込んでいたからでした。

3歳からずっと、音楽しかやったことのなかったわたしは、トランペットを吹けなくなってしまって「他にはお金を稼げるようになる手段がない」と思い込んでいたのです。

つまり、「音楽でお金を稼げるようになりたい」という願いは「音楽じゃないとお金を稼げない」「お金を稼ぐには音楽じゃなきゃいけない」などという思い込みからくるもので、本質の願いは「お金を稼げるようになりたい」という、ただ、それだけでした。

だからこそ、「お金を稼げるようになれるなら音楽じゃなくてもいい」と、執着を手放したことで、「起業して自分で稼ぐ力を身につける」という情報がすんなりとわたしの耳に入ってくるようになったのでした。

自分の願いが執着なのかわからないときは、「叶えたいのになかなか叶わないことリスト」を書いてみると洗い出しやすくなります。

そして次に、自分に聞いてみてください。「どうしてそれを叶えたいの？」と。

その理由があなたの願いの「本質」で、叶えたかったことはただの手段にすぎなかったんだということがわかってくると思いますよ。

本質の願いが叶うのであれば、どんなルートでもいいですよね。それまでは目的地に行くのに「車じゃないといけない」と思い込んでいたものも、そこに行けるのであれば、車でも、電車でも、飛行機でも、なんでもいいということがわかってくると思います。

それに気づくことができると、意外にあっさりと、執着は手放すことができますよ。

頑張れば頑張るほど、お金はどんどん消えていく

ワクワクするとお金が入ってくる。そして、ワクワクのエネルギーで稼いだお金は、ずーっと、長い間手元に残りやすいなとも感じています。

一方で、頑張って稼いだお金ほど、すぐになくなってしまう……。

このことが不思議で、これも何か脳の仕組みと関係があるのかと調べてみたことがありました。

フリーター時代、昼間のバイト、夜のバイト、土日のバイト、と3つ掛け持ちして稼いでいました。お休みは月に1日だけ。体力的にもメンタル的にも、本当に頑張っていました。

けれど、お金が一向に貯まることはなく、稼いでも稼いでもなくなっていきました。毎月、お給料日前は残高がほぼなく、小銭で耐え忍ぶこともあったほどで

した。

一方で、起業をしてからはいろいろと工夫をすることが楽しく、毎日ワクワクと動いていました。

稼働時間はフリーター時代と同じほどだったのに全く苦ではなく、成長している感じ、「お金持ちワールド」へ近づいていっている感じがとても楽しかったのをよく覚えています。

すると、お金が余るようになっていきました。起業をして半年ほどでバイトで稼いでいた額と同じ額を稼げるようになったのですが、「お金がなくて困る」ということが少しずつなくなっていったのです。

その後、27歳で西新宿にエステサロンをオープンするのですが、借り入れは一切することなく自分の貯金だけでオープンさせることができるほど、お金が貯まっていったのでした。

「ストレス消費」という言葉は聞いたことありますか？　わたしたちは、ストレスがかかればかかるほど、無意識のうちにお金を使ってしまう、というものです。

わたしたちの脳はとてもよくできていて、わたしたちにストレスがかかると、それを解消してくれようとします。そして、女性にとって「お買い物」は、最もストレスを緩和させてくれるものなのです。

お買い物をするのって楽しいですよね。なんだかスカッとして心が軽くなる気がしたりします。実はそれは、お買い物をすると脳内で幸福ホルモンであるドーパミンが分泌されるから。

一度お買い物をすることでドーパミンという幸せを覚えた脳は、ストレスがかかると、また幸せを感じたくてお買い物をしたくさせます。

つまり、栄養ドリンクのような役割をしているのですね。

ですが、栄養ドリンクも一時的にしか回復できないように、ストレスによるお買い物も長続きはせず、時には「ああ、また買っちゃった……」と、買ったあとに新たなストレスを生む結果になることも。さらに、お金もなくなってストレスは何倍にもなってしまいます。またもや、負のループですね。

ですが、ワクワクしていると、この幸せホルモンであるドーパミンも分泌されるとお話ししたとおり、お買い物という栄養ドリンクでわざわざ満たさなくても、自ら幸せで満たされるようになります。

だからこそ、お金を無駄に使うこともなくなって、自然とお金が貯まるようになっていくのです。

大切なのは、頑張るエネルギーを減らして、ワクワクエネルギーを増やしていくこと。

あなたは、日々、何に頑張っていて、何にワクワクしていますか？　自分が頑張っていること、ワクワクしていること、これもぜひ、それぞれ書き出してみてくださいね。

「頑張る」を手放して軽やかに進むワーク

会社勤めの方にこういったお話をすると、「会社の仕事ってストレスがかかるものばかりで、やめるのって難しいんです」と、言われることがよくあります。けれど、まず疑ってほしいのが、「そのタスクは、本当にやめるのは難しいのか？」ということ。繰り返しお話ししていますが、もしかしたらそれは、やめるのが難しいと思い込んでいるだけ、かもしれませんよね。

会社という組織は1つのチームだと思います。個人で働いている人よりも格段に、チーム内で「頑張る」を手放しやすい場所のはずです。

わたしも実は、会社にスタッフがいます。最初は1人の方にお願いしていましたが、会社の仕事ってその方の得意なことばかりではなくて……。苦しい思いをさせてしまったこともありました。そこで、人数を増やすことにしました。1人にお願いしていたタスクの中で、「頑張る」ものをリストアップしてもらったのです。そしてその「頑張る」が得意な方たちに振っていくことで、チーム内で仕事が円滑に回るようになりました。

今では、マネージャーが仕事の分担をチーム内の得意な人に分けてくれて、それぞれでお仕事をしてくれるので、みなさん楽しく進めてくれています。まさに、ワクワクエネルギーが循環している状態になりました。

ぜひ、このワークをやってみてください。あなたの日々のタスクを「チョロい」「できる」「頑張る」に分けるワークです。

「チョロい」……息をするようにできること。とってもカンタンで、ワクワクと進めることができること。やっていて楽しくてずっとやりたいこと。

「できる」……意識をしたらできること。もしくは、とってもカンタンにできはするけれど、ワクワクはしないもの。

「頑張る」……努力をしないとできないこと。やるのに時間がかかり、なかなか作業が進まないこと。やっていて苦しくなること。

この3つに、日々のタスクを分けていきます。やり方としては、次のように進めていくと振り分けやすいです。

①まず、ふせんに1週間分のタスクを振り返って書き出します。

②そして次に、A4サイズほどのノートを横に使い、「チョロい」「できる」「頑張る」の3分割をします。

③ふせんに書き出したタスクを、この3つに分けていきます。

これだけです。とってもカンタンなので、ぜひやってみてくださいね。

通常、「チョロい」はどんな人でも20~30%ほどしかありません。もしタスクが全部で10個ほどでしたら、3個以下になるのが普通なので「チョロいが全然ない……」と落ち込む必要はありません。

1 ふせんに書き出す

見積り作成
会議室の予約
歓迎会
お店決め&予約
洗たく

メールする
売上
データ作成
質問シート作成
そうじ

提案資料を
作る
新人研修
マニュアルづくり
お弁当づくり
片づけ

⇓

2 「チョロい」「できる」「がんばる」に分けて紙に貼る

チョロい	できる	がんばる
提案資料を作る	見積り作成	歓迎会 お店決め&予約
新人研修 マニュアルづくり	会議室の予約	お弁当づくり
質問シート作成	売上 データ作成	そうじ
	メールする	片づけ
	洗たく	

目指すべきは、「できる」を増やして「頑張る」を手放すこと。

「なかなかお金の循環がめぐってこない……」と悩む方の多くは、「頑張る」がタスクの半分以上を占めていて、「チョロい」はもちろん、「できる」さえも少なくなっていることが多いです。

楽しく稼がれているお金持ちたちの多くは、「チョロい」と「できる」が日々のタスクの80％以上を占めています。わたしが会ってきた方の中には『頑張る』は1つもないかも」と言う方もいるほどです。

「頑張る」が多い方は、ぜひ、ご自身の「頑張る」と、会社の同僚の方の「チョロい」を交換してもらってください。

継続講座の卒業生の中にも、「わたしがやると『頑張る』だけど、あの子はこの作業早いな～。いつもすごいなって思っていたし、思い切って交換をもちかけてみよう！」と、声をかけてみたところ、快諾してくれ、しかも、「彼女もわたしのことがうらやましく思っていたんだと知りました。人って本当に、他人のことはよく見えちゃうものなんだ」と気づくことができたのだそうです。

お互いに「頑張る」を交換することで作業効率が良くなり、残業もなくなって上司からの評価も上々。なんと、「ボーナスの他に優秀賞として10万円ももらっちゃいました！！！」と、目を輝かせて教えてくれました。

頑張るエネルギーを手放して、ワクワクエネルギーを発揮していくと、会社員の方でもお金の巡りをよくすることは可能なのです。

ワクワクエネルギーはお金を受け取れるようにもしてくれる

他にも、こうした方法で残業続きだったのが定時で帰れるようになり、副業で月10〜15万円をコンスタントに稼げるようになった方や、会社員と同等のお給料を稼いで起業1本にすることができた方もいました。

その方たちが口をそろえて言っていたことは『チョロい』と『できる』だけをするようになったら、どんどん仕事がワクワクと楽しくなっていったのでお金を受け取る罪悪感がなくなった」ということでした。

自分が頑張って稼いでいた頃は「この人が頑張ったお金をわたしがいただいてもいいのかな……」「お金をいただくなら頑張ってその分返さないと！」など、お金をもらってサービスを提供することを、必要以上に「大変なこと」だと思い込んでしまっていたそうです。

わたし自身、「頑張って」稼いでいた頃は、「より稼ぐにはもっと頑張らないといけない」「それって苦しいし、これ以上頑張るのなんて無理……」と、勝手に自分で制限をかけてしまうようになっていました。

だからこそ、やはりお客様に対しても「この方が頑張って稼いだお金なんだから、めいっぱい癒《いや》してあげないと！」と、必要以上に気負ってしまう自分がいたのです。

そうすると、必要以上にエネルギーを消費してしまい、なんだか施術をしたあとはぐったり……。なんてことも多々ありました。

ですが、日々のタスクを「チョロい」と「できる」で満たしていくと、お仕事が楽しくなります。ワクワクと進んでいけるので、やってもやっても疲れないのです。逆に、やればやるほどエネルギーがチャージされて、どんどん行動できるようになっていきます。

そういった中でお金を得る経験をすると、「お金は頑張って得るもの」というフィルターから「お金はワクワクしていると入ってくるもの」というフィルターに脳内でも書き替わっていきます。

そして実際に、ただ楽しんでいるだけでお金が自然と入ってくるという体感も得ることができるようになります。そうしたらもう、無敵ループです。

実際に、わたしが運営しているスクールの講師たちも「大好きな手帳のお話をしているだけなのにお金をいただけるなんて幸せすぎる♡」と楽しそうに活動してくれています。

彼女たちはみんな、もともとは普通のOLだったり、専業主婦だったりと、あなたと同じく、お金に悩んだこともあった方たちです。

それでも、こうしてひとつひとつフィルターを変えて行動していくことで、キラキラと輝いて進んでいくことはできるのです（そんな姿を見て感激していることは彼女たちにはナイショです。笑）。

第6章

ワンランク上の「お金持ちワールド」へのステージアップ

4つのどの箱で働くかで
お金持ちになれるかが決まる

これまでのところで、お金と脳の関係性、脳の仕組みをノートで活用して、お金が入ってくるようになる方法についてお話ししてきました。

この章では最後に、ワンランク上の「お金持ちワールド」に進みたいあなたへ、わたしが西の大富豪から教わったことをお伝えしますね。

P47でも少し触れましたが、「お金を稼ぐ」と聞くと、あなたはどんな方法が思い浮かびますか？　セミナーなどで質問すると圧倒的に多く返ってくるのが、「働いて給料を得る」という答えです。

わたし自身、そういった働き方しか知りませんでしたが、西の大富豪に教わって人生が大きく変わった知識の1つが、「クワドラント」というものでした。

「『クワドラント』って知ってるか？　『職業の分類』のことや。お前は自分がフリーターだから貧乏なんだって思ってるかもしれんけどな、実は、フリーターも正社員も、おんなじ箱の中なんやで。そしてその箱では、いつまでたっても金持ちにはなれないんや」

やっぱりここでも、ハテナマークがいっぱい。わたしの友人たちは優秀な方が多く、海外の大学を卒業して日本でも名のある大手企業に就職した人ばかりで、わたしはいつも劣等感を抱いていました。

彼らとわたしの「職業の分類」が一緒ってどういうことだろう？　そして、お金持ちになれる箱って何だろう？

西の大富豪は紙に十字を描き、左上にE、左下にS、右上にB、右下にIと、4つのアルファベットを書き、説明してくれました。

すべての職業はたった4つの分類に分けられます。これは、『金持ち父さん貧乏父さんのキャッシュフロークワドラント』（筑摩書房）という本にも書いてある、世界のお金持ちの常識なのだそうです。
4つの分類とは、以下のとおりです。

E：従業員
↓世の中の9割。「お給料」をもらっているすべての人。

S：自営業
↓自分でビジネスをやっている人。

B：ビジネスオーナー
↓自分以外のお金を生み出す仕組みがある人。

I：投資家

↓株や外貨など、何百万円・何千万円と投資して何億円と稼ぐ人。

西の大富豪が言っていた、「フリーターも正社員もおんなじ箱」というのは、どちらも同じ「E」の分類ということです。たとえば、看護師さんや、弁護士さん、税理士さんなど、高給なイメージのある職業であっても、実は同じ「E」カテゴリーとなります。

「S」の自営業というのは、自営業のカフェ、クリーニング屋さんや、フリーランスの人など、「お給料」ではなく、自分でお金を稼いでいる人たちのことです。

近年、SNSでの起業が流行《はや》っていますが、それもまた、「S」の分類となります。働く時間も、働く場所も、働く量も自分で決められるのでとても自由度が高く、ここ数年ではとっても人気のカテゴリーですよね。

そして「B」のビジネスオーナーというのは、FCオーナーや、不動産オーナー、印税をもらえる作家やミュージシャンなど、自分が働くのではなく、「お金を生む仕組み」を持っている人たちのことです。

会社経営をしている社長さんには、実は「S」と「B」がいます。見分けるポイントとしては、「S」の社長さんは自分が止まってしまったら会社の売り上げも止まってしまう社長さん。「B」の社長さんは自分が休んでいても何をしていても、変わることなく会社の売り上げが立っていく社長さんのこととなります。
最後は「I」の分類。「投資家」というとデイトレーダーが浮かびますが、西の大富豪によると「あれはSや」とのことです。なぜなら、デイトレーダーは毎日パソコンに向かって取引をしないといけないため。そうではなく、何百万・何千万・何億と投資して、それをさらに大きくしていく人たちのことです。ウォーレン・バフェットやジム・ロジャーズ、ジョージ・ソロスは「世界三大投資家」と呼ばれていますが、彼らほどまではいかずとも、様々な企業に投資している場合が多いのです。

わたしが「稼ぐには働かないといけない」と思っていたのは、「E」と「S」の分類しか知らなかったためでした。

なんだか、自分の世界がぐぐっと広がった。そんな感覚を得て、すごくワクワクしたのを覚えています。

お金持ちに共通している「右側」の働き方

ここでポイントとなるのが、どの「分類」がお金持ちになれるのかどうか。さらに言えば、大切なのは「ただのお金持ち」ではなく、「時間持ちであるお金持ち」になることが重要なのだと、西の大富豪に教わりました。

「金があっても忙しすぎて使えなかったら意味ないやろ。忙しくて休みも取れない、旅行もいけない、家族との時間もない、そんな金持ちはごまんといる。けどな、それはみんな『S』やねん。そもそもお前は何のために稼ぎたいんや？　働きづめの人生をやめて、やりたいことをやりたいからやろ？　せやったら、『時間持ち』

にならなあかん。つまりな、『自由人』になる必要があるんや」

そう言って、真ん中の縦線の上から赤ペンで波線を引き、そこから右と左に矢印を書きました。そして、左側に「不自由人」、右側に「自由人」と書いたのです。

Eの従業員とSの自営業は、自分の「時間」を切り売りしてお金に変えています。ですが、Bのビジネスオーナーと I の投資家は、自分が動くのではなく、「お金を生む仕組み」を持っています。

つまり、EとSは働けば働くほど稼ぐことはできるけれど、その代わり時間はどんどんなくなっていく、ということ。

「お前がな、どんなに頑張っても頑張っても貧乏なままなんは『E』だからや。大事なのは、『右側の箱』に行くことやねん。そのためにまずは『S』に行かなあかん。

けどな、『S』のままやったらいつまでも自由にはなれん。せやから、自分でビジネスをやって、大きくして、自分が動かなくても回る仕組みをつくるんや。

お金と時間を増やしていく働き方の仕組み

クワドラントのどこで生きるか！

Employee
従業員

E

- お給料をもらっている人
- サラリーマン、OL、看護師、フリーターなど

Business Owner
ビジネスオーナー

B

- 自分以外で収入が上がる仕組みを持っている人
- 不動産、株、証券、FC、印税など

Self-Employed,Small Business Person
自営業

S

- 自分の力で稼いでいる人
- クリーニング屋さん、パン屋さん、開業医、フリーランスなど

Investor
投資家

I

- 投資することによって資産を築いている人
- 数百万～数千万単位での取引が基本

時間 or お金＝
不自由人

時間 ＋ お金＝
自由人

それで初めて、『右側』に行ける。右側に行けばもう、勝ち組や」

確かに、それまでわたしは、たとえば「収入を増やそう！」と思ったら、残業を増やして残業手当をもらうとか、転職をしてより高給を目指すとか、アフター6や土日を使ってバイトをするなどといった方法ばかりを試してきました。

けれど一向に、働きづめの人生からは解放されず、働けば働くほど、お金は確かに稼げるけれど、時間がどんどんなくなっていくことが大きな悩みでした。

ですが、この4つの職業分類を知り、常に「いかにBをつくるか」という発想をするようになったのでした。

これからの時代、必要となる6つの働き方

「副業解禁！」と、ここ数年、様々な所で耳にするようになりましたよね。

2017年には「働き方改革実行計画」というものが政府によって決まり、テレワークや副業・兼業などの柔軟な働き方の実現が目標になりました。

また、2018年には政府が企業に対して提示していた「モデル就業規則」も改正されました。これまでは「許可なく他の会社等の業務に従事しないこと」となっていた規定が「勤務時間外において、他の会社等の業務に従事することができる」に変更されたのです。この「モデル就業規則」というものは企業が就業規則をつくる際に参考にする原案のようなものです。

さらにさらに、2020年9月には「副業・兼業の促進に関するガイドライン」の改定もされ、本格的に政府が「労働者は、勤務時間外において、他の会社等の業務に従事することができる（第14章 第68条）」と内容がアップデートされました。

もちろん、これらはあくまで「モデル」なので、取り入れるか取り入れないかはその企業次第となります。

ですが、国がもう、「副業してねー！」とわたしたちに推奨しているのは紛れもない事実。この波はこれからどんどん加速していくでしょう。

でも、いくら副業しても「左側の箱」で仕事を増やしたら、結局、忙しいばかりで時間は減っていってしまいます。

大切なのは、「お金を生む仕組み」をつくること。だからこそ、西の大富豪にオススメしてもらったのは、以下の6つの働き方でした。

1、今の仕事（E）＋投資をする（I）
2、今の仕事（E）＋起業して自分のビジネスをする（S）
3、起業（S）＋ビジネスの仕組みをつくる（B）
4、起業（S）＋投資をする（I）
5、ビジネスオーナーとなる（B）
6、投資家となる（I）

「こん中でオススメなんは、2と3や。投資をするんもええけどな、たとえば株式投資でも、数百万以上投資でけへんならやってもあまり意味はない。
しかも、ビジネスの仕組みを知らずに投資をしたら必ず失敗する。
せやから、まずは2を始め、それを3や4にしていく。１００万円単位で投資ができるようになったら5や6になるのがええで」

もちろん、いきなり3を目指すのもいいですが、多くの場合、「ビジネスの仕組み」と言われても何をすればいいのかはわかりませんよね。そのため、最も取り組みやすいのは2なのだそうです。

自分でビジネスを進めていくと、仕組みにできることも見えてきます。多くのお金持ちがそうであるように、経済的に自由になるための入り口となるものが自分でビジネスをすることなのですね。

そしてこれは、今までは一般的ではありませんでした。

ですが、数年前からじわじわと「起業」という言葉が浸透し始め、それを意識

わたしらしく稼ぐための6つのビジネススタイル

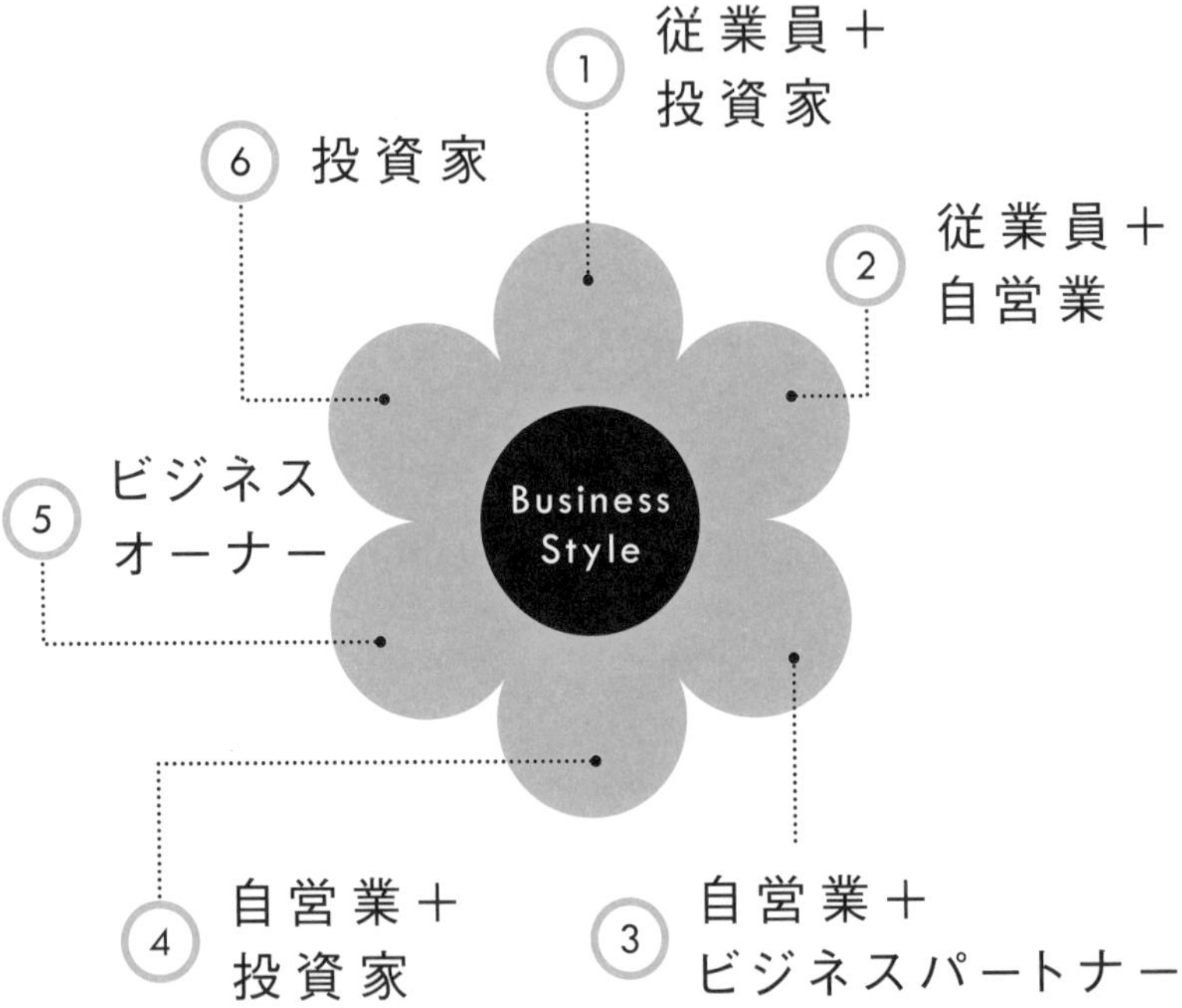

する人も増え始めました。わたし自身、SNSで発信をしていると、起業に関する相談を多く受けるようにもなりました。

これからの時代は、「起業してフリーで生きていく」「今の仕事＋週末起業をする」。この2パターンが「常識」になっていくのではないでしょうか。

多くの企業で副業が解禁となり、これからはむしろ、副業していない方が少なくなります。いわゆる、パラレルキャリア。多くの方が本業を2つ持っている状態になるのですね。

けれど、これだけではやっぱりずっと、自由にはなれません。だからこそ大切なのが、2から3か4を目指し、その後5か6の流れをつくること。

たとえば、起業で得たお金を丸々投資に回してもいいし、さらにビジネスを拡大させたっていい。

投資での配当もしくは起業からの収入が今の年収と同じくらいになったら会社を辞めてしまって、時間の自由を得ることもできます。もちろん、辞めないで続けてもいいですし、それはそれぞれの自由です。

本当に、働き方が多様化してくるのがこれからの時代なんですよね。

わたしはこの話を聞いて、まず2を選びました。その後、掛け持ちしていたバイトを辞め、4を選びました。起業をしてみたら、わたしはビジネスをするのが好きだと気づいたので、投資も少しはしていますが、今でも4を選んでいます。

6つの働き方、あなたはまず、どれをやりますか？　そして最終的にはどれを目指しましょう？

わたしたちは、どの働き方も選べます。そしてわたしたちには最高のGPS機能が脳内についているので、選べば、どんな世界でも進んでいくことができるのですよ！

最もノーリスク・ハイリターンな投資とは

前項で「100万円単位で投資できるようになったら投資する」と西の大富豪

に教わったと書きましたが、実はこうも追加されていました。

「投資はな、１００万円でも少ないくらいやねん。株の平均利回りは５％くらいやけどな、もし１００万円投資しても年間５万円、月約４２００円弱にしかならないんやで」

だからこそ、まずはビジネスをすることがいいのだそうです。自分でビジネスを始めると、否が応でも勉強せざるを得ませんよね。

そうすれば、会社の決算書類も読みやすくなる。どの会社の株価が上がるのか、下がるのか、そういったことも、自分でビジネスをやるからこそ身につく知識なのだと教わりました。


「投資の中で最もリスクが少なく、ハイリターンな投資があるで。知りたいか？」

もちろん、わたしは「はい！」と、食いつき気味に答えました。

「それはな、自己投資や。株なんかに投資するくらいやったら、まずは自分に投資せえ。たくさん勉強して、知識を入れるんや。

金もダイヤも株も、失う危険性があるが、学んだ知識は誰にも奪えん。俺もな、中卒からここまで来たけど、今無一文になってもまた稼げる自信があんねん。それは、知識があるからや。

本もセミナーも講座も、その人の人生すべてが詰め込まれてる、最もコスパのいい投資や。しかも、行動すれば必ずハイリターンが待ってる。

リスクがあるとすれば、お前が諦めることだけや。金持ちになるのを諦めへんかったら、完全にノーリスクやで」

これが、わたしの勉強熱に火をつけることとなりました。当時はお金がなかったので図書館に通い詰めてオススメの本を読み、古本屋さんにもよく足を運んでいました。

料理が好きだったので調理用家電もいくつか持っていましたが、起業に集中する！と決めてすべて売り、勉強資金にしました。

「人生最後の貧乏と思えばなんでも楽しめるで」

西の大富豪に教わったこの言葉が、当時のお守りでした。

当時のわたしほどの貧乏さはなかなかないので、みなさんの場合はぜひ、「毎月これくらいは貯金or投資したいな」と思う額があれば、それを思い切って知識に投資してみませんか？

今の時代、貯金をしていてもお金は増えませんし、これから先は起業をしていない人の方が少なくなる時代と言われています。一度しっかりビジネスのことを学べば、その知識は永遠です。今は起業するにもお金がかからず、本当にいい時代だと思います。

もし、5％の利回りで月5万円投資するなら2500円にしかなりませんが、月5万円分、本を読んだり、セミナーに参加したりして、何か商品やサービスを売り上げればすぐに回収できます。

最高に利回りのいい投資となりますので、ぜひその方向も視野に入れてみてくださいね。

おわりに

最後まで読んでくださり、ありがとうございました。

お金に関するお話は、講演や講座などでもよくお話しさせていただいていましたが、こうして1冊の本にまとめることができて本当に嬉しいです。

2020年、新型コロナウイルス感染症のパンデミックが世界中で起こり、世界中で経済がストップしてしまって日本でもお金に困る方々がたくさん増えました。

わたしの元に届く質問もお金に関することが増えていたので、この本があなたのお金の悩みを解決する手助けとなれば幸いです。

新型コロナウイルス感染症に関連して、お家に滞在する時間が長くなり、自分のこれからについて考える方は増えたのではないかと思っています。

わたし自身、自分の人生を改めて考えることもありました。

わたしが起業をしたきっかけは東日本大震災と、おじいちゃんの死であることは冒頭でも触れましたが、時代が大きく変わっていき、震災からも、おじいちゃんの死からも10年が近づいていたある日。改めて自分に聞いてみたのです。

「今、人生をリセットするとしたら、どう生きていきたい？」

と。そうして自分の中から返ってきた答えが、わたしは、「知識と癒しを届ける作家」になりたいというものでした。

自分を認めて、自分が自分の最高の応援者になること。自分を支えて、自分で自分の背中を押してあげられる人になること。その方法を、伝えていける人になりたい。

そんな想いを込めて、改名しました。

「珂」という字は「宝石」という意味のある字で、特に白瑪瑙《しろめのう》を示すそうです。

有珂という名前は、「宝石が有る」と書きます。

誰しもがみんな、自分の中に宝石を持っている。わたしは、それを磨き、輝かせる方法をお伝えする人。

人の脳の仕組みを知り、人の心理の構造を知って、活用していけるようになれば、わたしたちの中の宝石はキラキラと輝きを放ち、エネルギーは増大する。

今回、この本を書くにあたって改めてその想いをこの本に込めました。

ノートとペンは、わたしたちの最強の味方です。そしてわたしたちには、どんな世界へでも連れていってくれる最高のGPSが備わっています。

あなたもきっと、この本を活用して「お金持ちワールド」へと進んでいける。

そう信じて、お届けします。

大丈夫、わたしたちにはRASがある！　RASを信じて、進んでいきましょう♡

参考文献

『脳は「ものの見方」で進化する』（ボー・ロット、サンマーク出版）
『金持ち父さんのキャッシュフロー・クワドラント』（ロバート・キヨサキ、筑摩書房）
『ＭＩＮＤ ＯＶＥＲ ＭＯＮＥＹ――１９３の心理研究でわかったお金に支配されない13の真実』（クラウディア・ハモンド、あさ出版）
「Activation by attention of the human reticular formation and thalamic intralaminar nuclei」（『Science』２７１号）
『自動的に夢がかなっていく　ブレイン・プログラミング』（アラン・ピーズ&バーバラ・ピーズ、サンマーク出版）
『コミュニケーション・ストレス　男女のミゾを科学する』（黒川伊保子、ＰＨＰ新書）
『この脳の謎、説明してください！　知らないと後悔する脳にまつわる40の話』（アート・マークマン&ボブ・デューク、青土社）
「脳のしくみ　脳研究の最前線とアルツハイマー病」（『Newton』別冊、２０１７年12月号）
「記憶のしくみ」（『Newton』２０１６年5月号）
「なぜ覚えられる？　脳のニューロンと記憶のしくみ」（『Newton』２００７年2月号）

[著者プロフィール]
松浦有珂（まつうら・ゆか）
ライフスタイルコーディネーター
株式会社 ecleve International 代表取締役

長崎県生まれ、群馬県育ち。高校卒業後、単身渡英。現地の大学への進学を志すものの、挫折して帰国。就職難の波にのまれ、フリーター―となる。

奨学金の返済に加え、マネーリテラシーのなさからキャッシングやリボ払いを積み重ね、気づけば借金は400万円を超える。電車が来ると揺れる木造4畳半のワンルームで、その日の交通費や食費にも困るほど苦しい日々を過ごす。

24歳のときに経験した東日本大震災と最愛の祖父の死をきっかけに、25歳で起業を決意。口コミだけの集客で月商100万円を達成し、27歳で、隠れ家的エステサロンを西新宿にオープン。20代のうちにFCを含め5店舗までに展開。

大富豪からビジネスやお金持ちのマインドを学んでいたところ、「引き寄せの法則」の存在を知り、そこから、心理学や脳科学などを独学で学ぶ。人の心理や、脳のメカニズムを使って自分をコントロールしていくメソッドを研究。それらを女性の脳の仕組みに合わせて解説し、女性が理解・実践しやすいように伝えることを得意とする。

現在はこれらの仕組みを落とし込んだ手帳のプロデュースも手掛け、「夢へのGPS手帳」としてSNSでも人気が殺到している。

脳の仕組みを活用した手帳メソッドの使い手、アジェンディストたちが開催する手帳レッスンは即満席が続出する盛況ぶり。

自身主催の継続講座も高額にもかかわらず毎回すぐに満員御礼となっており、最近では企業や学校、地方自治体からの講演の依頼も増えている。

著書に『望む人生に組み替える「未来設定ノート」～脳内GPSで“夢との距離”を把握するだけ♡～』（大和出版）がある。

Instagram：https://instagram.com/yuca_matsuura
アメブロ：https://ameblo.jp/yucamatsuura

ブックデザイン／岩永香穂（MOAI）
DTP ／山口良二

**借金400万円あった私が年収3000万円になった
お金に愛されるノート**

2021 年 4 月 26 日　初版発行
2022 年 5 月 30 日　2 版発行

著　者　松浦有珂
発行者　太田　宏
発行所　フォレスト出版株式会社
〒 162-0824　東京都新宿区揚場町 2-18　白宝ビル 7F
電話　03-5229-5750（営業）
03-5229-5757（編集）
URL　http://www.forestpub.co.jp
印刷・製本　日経印刷株式会社

ISBN978-4-86680-126-1　Printed in Japan

今すぐ手に入る！

借金400万円あった私が
年収3000万円になった
お金に愛されるノート

読者無料プレゼント

スペシャル動画を公開します！

本書でご紹介した 9 セルノートの使い方を著者の松浦有珂氏が直接解説します！　動画のタイトルは「引き寄せ力をどんどん高める♡　思考を整理し、感情を味わうノートの書き方」です。通常、有料で販売している実に約 50 分の動画です。ぜひ動画をご覧いただき、より一層お金に愛されてください！

この無料プレゼントを入手するには
コチラへアクセスしてください
http://frstp.jp/400

※特典は、ウェブサイト上で公開するものであり、
冊子やCD・DVDなどをお送りするものではありません。
※上記無料プレゼントのご提供は予告なく終了となる場合がございます。
あらかじめご了承ください。